초보 공방 사장을 위한 공방 창업 바이블

초보 공방 사장을 위한
공방 창업 바이블

초판 1쇄 발행 2023년 12월 25일

지은이 서기영
편집인 옥기종
발행인 송현옥
펴낸곳 도서출판 더블:엔
출판등록 2011년 3월 16일 제2011-000014호

주소 서울시 강서구 마곡서1로 132, 301-901
전화 070_4306_9802
팩스 0505_137_7474
이메일 double_en@naver.com

ISBN 979-11-91382-29-7 (03320)

손재주는 좋지만
공방 운영이

막막한
당신에게

◆◆

◆◆   SUCCESSFUL BUSINESS MANUAL   ◆◆

초보 공방 사장을 위한

공방 창업
바 이 블

비라이트 대표 서기영 지음

더블:엔

직장인에서 공방 창업가로, 이제는 사업가로 성장하고 있습니다

불과 몇년 전만 해도 나는 매일 아침 7시에 일어나 콩나물 시루 같은 2호선 지옥철에 실려 출근하던 직장인이었다. 28살의 끝자락. 25살부터 회사 생활을 시작해 직급은 올랐지만 월급은 여전히 쥐꼬리만 했다. 그도 그럴 것이 울산과 부산에서 비료 쇼핑몰 마케터, 병원 브랜딩 일을 하다 서울에 있는 광고대행사로 이직하면서 연봉 수평 이동을 한 것이다. 그간 최저 시급도 많이 올랐는데 연봉은 25살 때나 29살 때나 같은 상황. 잦은 야근과 주말 출근까지 정신없는 하루하루를 보내면서 '내가 언제까지 이렇게 일할 수 있을까?' 라는 의문이 들었다.

정말 웃기게도, 나는 직장에서 자아실현을 하고자 했다. 이 한 몸 다 바쳐 열심히 일해서 회사의 매출을 올리는 기쁨이 쥐꼬리만 한 월급을 받더라도 좋았다. 그게 곧 나의 마케팅 실력이니 그것으로 인정받는 것에 목말랐다. 새벽 3시까지 일하며 야근 수당 하나 없이 일했던 것도, 그렇게 성과를 쌓아 더 높은 연봉을 주는 회사로 이직하는 과정이겠거니 했다.

결과는 어땠을까. 회사 일이 내 마음처럼 잘 안 될 때도 있을 터. 그럴 때마다 나는 무너지는 것 같았다. 회사와 나를 동일시하고 회사의 성장이 곧 나의 성장이라 믿었던 내가 한심하다는 생각이 들었다. 어떤 날은 '그냥 이대로 눈을 감으면 내일 눈을 뜨지 않았으면 좋겠다.' '출근하는 길에 사고가 나면 산재 처리가 될까?' 하는 생각까지 할 정도로 우울감이 급격하게 찾아왔다. 회사에서는 개인적인 감정을 숨기고 웃느라 바빴고, 퇴근해서는 온기 없는 자취방에서 혼자 펑펑 울기 바빴다. 내가 꿈꾸던 멋진 커리어우먼의 삶은 이게 아니었는데….

나만의 기술을 배워서 자영업을 해야겠다는 마음을 먹고 나니, '무엇을 어떻게 해야 할까' 라는 막막함이 가득했다.

너무 지치는 삶이 반복되던 그 즈음, 친구가 캔들 원데이 클래스를 추천해주었다. 캔들 수업은 위로가 되고 힐링이 되었다. 나 같이 마음이 지치고 힘든 사람들을 보듬어주고 위로할 수 있는 공간을 만들어야겠다는 생각이 들었다. 어떤 것을 배우면 자격증까지 따는 성격이라, 캔들 자격증반 수업을 덜컥 결제하고야 말았다. 그렇게 캔들 공예의 길로 발을 디디게 되었다.

내가 이 책을 쓰게 된 이유는 이 세상에 수많은 과거의 나 같은 직장인들에게 회사가 꼭 인생의 전부가 아니라는 말을 해주고 싶어서이다. 그렇다고 무조건 "퇴사 후 창업하세요!" 라는 말도 할 수 없다. 다 각자의 사정이 다르기 때문이다. 단지 직장인이었던 내가 어떻게 창업을 시작하게 되었는지, 그 과정 속에 어떤 일들이 있었는지 하는 작은 발걸음을 공유하고 싶었다.

자신의 가능성을 낮게 생각하고 매일을 그저 그렇게 살아가는 사람들이 있다면 그들에게 조금이나마 열정의 숨을 불어넣어 주고 싶다. 또 이미 창업을 하신 분들께는 많은 공감이 되는 책이 되지 않을까 생각한다. 나의 작은 날갯짓이 여러분에게 어떤 나비효과를 불러일으킬지 벌써부터 기대가 된다.

내가 금수저여서, 재능이 많아서, 이렇게 서울에서 매장 하나를 일구어 나가고 있는 것이 아니다. 나는 부산에 있는 '영도'라는 작은 섬에서 자랐다. 뱃고동 소리에 잠을 깨고, 조선소에서 큰 배를 만드는 것이 보이는, 집 앞이 바다인 섬 말이다. 나는 개천에서 용 났다는 주인공이 되고 싶었다. 환경은 작아도 꿈은 컸다. 고3 때 인서울 대학교를 가고 싶어 논술 시험도 쳤지만 수능을 망쳐 부산에 있는 대학교를 갔고, 대기업을 가고 싶어서 대학 시절 내내 스펙을 많이 쌓았지만 그마저도 좌절되었다. 내가 만약 정말 꿈꾸던 대기업에서의 잘 나가는 커리어 우먼이었다면 N잡으로, 내 사업으로 연결될 수 있었을까 하는 생각이 들어 오히려 감사하다.

부모님께서는 강남에 있는 큰 빌딩 같은 대단한 물질적 자산을 물려줄 수는 없어도, 충분히 그 작은 섬 안에서는 걱정 없이 부족함 없이 자랄 수 있게 해주셨다. 부모님께 물려받은 자산 중에 가장 소중한 것은 부지런함, 성실함이다. 아버지께서는 "인생에 중요한 기회가 올 때 붙잡을 수 있는 실력을 갖춰야 한다. 항상 먼저 준비해라."고 자라오는 내내 지금도 여전히 강조하신다. 그 덕에 현실에 안주하지 않고 남들보다 큰 꿈을 꾸고 더 부지런하게 움직일 수 있었다. 남들 넷플릭스 보고 SNS 보며 누워 있을 시간에 하나라도 더 배우고 도전하고 실행해봤을 뿐이다. 작은 돈으로 작은 실패를 여러 번 해봤을 뿐이고, 어떻게 하면 내가 할 수 있는 것을 수익으로 연결시킬 수 있을지 계속 고민했을 뿐이다.

나보다 훨씬 크고 잘 되는 공방을 운영하고 계시는 분들이 무수히 많고, 그 분들 앞에서 감히 주름도 잡을 수 없는 굼벵이 같지만 나는 여전히 성장할 것이다. 생각하는 대로 말하는 대로 된다고 했다. 제품력을 여실히 다져 세계적인 브랜드로 점점 확장해나갈 꿈, 매장도 더 넓혀갈 꿈을 실제로 실현하면서 말이다.

〈비라이트〉의 오픈부터 지금까지의 모습들을 쭉 지켜본 주변 친구들이 꼭 하는 말이 있다.

"이렇게 혼자 해나가는 게 신기하다. 어디까지 성장할지 앞으로가 더 기대된다."

나도 어디까지 갈 수 있을지 모르겠지만, 중요한 것은 이런 성장 과정들을 계속 공유하며 다른 분들과 함께 가고 싶다는 것이다. 경쟁이 치열한 향기 제품 시장에서 어떻게 살아남을 것인지를 매일 고민하는 많은 사장님들과 더불어 성장하는 방법을 찾아보고 싶다. 이 책을 읽는 독자분들께 조금이나마 도움이 되면 좋겠다.

1년이 지나 다시 쓰는 프롤로그

첫 프롤로그를 작성한 지 1년이 지났다. 그새 〈비라이트〉는 확장 이전을 했고, 수업으로 꽉 찬 하루들을 정신없이 보냈다. 아침에는 필라테스를 다녀오고, 자기 전에는 책을 읽으며, 부지런히 일을 하는 속에서 '나'를 찾기 애썼다. 동시에 결혼도 준비했다.

여러 원데이 특강들을 더 배우고, 조향사 자격증을 따서 조향 수업도 오픈하여 운영하고 있다. 감사하게도 '탬버린즈'와 협업하여 삼청 플래그십 스토어에 내가 만든 오브제 캔들이 전시되어 있기도 하고, 많은 인플루언서와 연예인들이 그 전시 공간에서 사진과 영상을 찍어 올리는 등 뿌듯한 나날들을 보냈다.

코로나는 잦아들었지만 경기가 안 좋아지면서 다들 취미에 돈 쓰기를 줄이는 것인지, 새로운 도전에 주춤하는 것인지, 공방 운영이 어려워지기도 했다. 그럼에도 단단하게 버텨나갈 수 있는 것은 여전히 나를 응원해주시는 다른 공방 선생님들, 가족들, 친구들이 있었기 때문이다. (현금 유동성은 사업자에게 필수다!)

이제는 직장인에서 공방 사장이 아닌, 공방 사장에서 사업가로의 변모를 꾀하며 어떻게 하면 더 높이 날 수 있을까를 고민하는 날들이 이어지고 있다. 꼭 제품과 오프라인 매장을 키우는 것이 답이 아님을 깨닫고 있는 중이다. 끊임없이 여러 지식들로 채우지만, 제대로 된 아웃풋이 없다면 인풋의 의미가 없어진다. 결국은 작은 실패를 거듭하며 성공 횟수를 늘리기 위한 행동력이 최고의 무기였다.

얼 나이팅게일은 "어떤 사람에게 무언가를 팔기 전까지는 아무 일도 일어나지 않는다."고 했다. 제품이든 서비스든 다른 사람에게 무언가를 판매하는 공방이라면, 혹은 공방 창업에 관심을 갖고 궁금해하시는 분들이라면 그 "아무 일"을 만들어보기를 권한다. 사람은 보고 배운 것이 제대로 마음에 받침대가 되면, 용기 내어 새로운 것에 도전할 수 있다. 오늘 내가 경험하고 배우고 듣고 행하는 것이 내일의 '나'를 만든다. 안목과 시야를 넓혀보자.

이 책을 읽는 독자분들께 공방을 운영함에 있어 여러 실질적인 방법들과 수많은 인사이트를 전할 수 있는 책이 되었으면 좋겠다.

CONTENTS

* * *

PART 1
회사 몰래 창업 대작전

PART 2
공방 창업을 준비할 때 꼭 필요한 것

PART 3
돈을 부르는 실전 공방 마케팅

PART 4
앞으로의 여정들

＊
＊
＊

PART
1

회사 몰래
창업 대작전

"나, 퇴사하고 서울에서 캔들 공방 열 거야."
우물쭈물 이 말 한마디를 부모님께 꺼내놓기까지
참 많은 고민을 했다.
이미 회사를 다니면서 투잡으로 캔들을 판매하고 있었다.
하지만 막상 퇴사를 하고 공방을 여는 건 리스크가 큰 문제였다.
혹여나 반대하시면 어떡하지,
반대하셔도 할 거지만 괜히 공방 열었다가
망하면 어떡하지, 생각들은 꼬리에 꼬리를 물었다.
그래도 공방 자리를 계약하기 전에
부모님께 말씀은 드려야 했다.

갑자기 분위기 캔들 공방 오픈

    코리안 장녀로 살아온 나는 평소에도 밖에서 있었던 일이나 내 생각들을 부모님께 잘 얘기하지 않는 편이다. 부모님도 그런 나를 그냥 '알아서 잘 하는 딸'로 생각하셨기 때문에 크게 억압도 없이 자랐다. 어릴 때부터 꿈꾸던 광고 일을 하겠다고 서울로 올라가 회사를 잘 다니는 줄 알았는데, 갑자기 캔들 공방을 연다고 하니 부모님 입장에서는 조금 황당했을 것이다. "그냥 취미로 하는 거 아니었어?" 라는 우려 섞인 물음에 그저 웃을 수밖에 없었다.

    나의 가족 중에는 사업을 하는 사람이 아무도 없다. 주로 선생님, 목사님, 연구원, 기술자들이고 안정적인 직장이 최고라고 말하는 집안 분위기다. 그런데 내가 대뜸 사업을 하겠다고 하니 집안에 별종이 나온 셈이다. 어느 정도로 보수적이냐 하면 서울로 가서 일을 하겠다고 했을 때도 "여자애가 그냥 편하게 집 가까운 곳에서 회사 다니면서 돈 착실히 모아서 결혼하고 그렇게 살면 되지 뭐 그렇게 야망이 있냐"며 핀잔을 들을 정도였다.

다행인 건 그런 나를 말리기보다 "그래, 일단 한번 해봐"라고 부모님이 믿어주셨다는 것이다. 여태껏 쌓아온 신뢰 덕분인 건지, 지금까지 그랬듯 알아서 잘 하겠지 하는 생각이셨던 건지, 부모님은 선뜻 내 이야기를 들어주셨다.

그래서 "지금 마음에 드는 공방 자리가 있으니, 여기서 딱 1년만 해보고 아니면 회사로 돌아가겠다"고 선언했다. 부모님은 "그래, 아직 젊으니 해보고 아니면 돌아가라"고 하셨다. 그렇게 가족에게만 먼저 이야기한 후, 모아둔 돈으로 보증금을 내고 1년 계약으로 오프라인 공방을 창업했다.

눈물의 첫 회사 퇴사기

　나는 세상 무서울 것 없는 중2 때부터 카피라이터를 꿈꿨다. TV를 볼 때면 광고를 보는 시간이 더 좋았을 정도로, 마음에 와 닿는 글 한 줄이 가진 힘에 매력을 느꼈다. 대학교에서 광고홍보학을 전공하면서 홍보 쪽으로 마음이 기울어 홍보와 관련된 대외활동을 정말 열심히 했다. 그러다 취업 시즌이 되었을 때 별안간 승무원이 되겠다며 승무원 학원을 다니며 영어공부에 매진하다, 결국 면접에서 다 떨어진 후 나의 원래 꿈을 찾아 나선 것이다.

　'그래, 나는 원래 광고홍보 쪽 일이 하고 싶었지'라는 생각으로 서울 쪽 광고대행사에 웬만한 곳은 다 지원했으나 전부 고배를 마셨다. 결국 나의 고향인 부산과 가까운 울산에 위치한 한 화학회사 '온라인마케팅' 직무로 입사하게 되었다. 그런데 웬걸, 입사하고 보니 회사 내에서 갓 오픈한 온라인 쇼핑몰을 A부터 Z까지 직접 만들어가야 하는 일이었다. 나는 분명 온라인 마케터로 입사했는데, 제품 사진 촬영부터 상세페이지 및 배너 디자인, CS, 제품 소싱, 회계 관리, 제품 포장 및 배송, 블로그 포스팅, 신제품 기획, 거래처 관리까지 혼자서 이 모든 것을 해내야 하는 것이었다.

내 길이 아니라고 바로 그만두자니 첫 사회생활의 시작을 이렇게 망치고 싶지는 않았다. 엄마는 이미 친구분들께 우리 딸 큰 회사 들어갔다며 한턱 크게 쏜 상황이라 그만둔다고 차마 말할 수가 없었다. 그리고 1년 계약 월세 자취방과 내 이름으로 된 자동차까지 있었으니 1년만 버텨봐야겠다 생각했던 게 화근이었다.

첫 사회생활에서 사수도 없이 처음 해보는 일을 하려고 하니 잘 될 리가 없었다. '가수금'이라는 단어가 뭔지도 모르는 사람이 회계 처리를 한다는 게 가당키나 한 일인지. 더군다나 팀장과 나 둘이서 일했는데 팀장은 실무를 하지 않는 사람이라며 칼같은 퇴근후 골프를 치러 가고 나 혼자 남아 새벽 3시까지 매출 마감을 하고 있을 때 술 취한 목소리로 사내 번호로 전화를 해 나의 야근을 확인하던 사람이었다. 그리고 무언가 잘못 되었을 때 본인은 뭔지도 모른 채 결재 사인을 해놓고는 모두 담당자의 무지로 발생한 일이라며 나에게 시말서를 쓰게 했다.

나는 점점 우울의 늪으로 빠져들었다. 힘들다고 얘기하면 나약해 보이는 게 싫어서 자취방에서 혼자 우는 날이 잦았고, '이대로 눈을 감았을 때 내일 깨어나지 않았으면 좋겠다'는 생각까지 했다. 그런 날이 반복될 때쯤, 여느 때와 같이 밤늦게까지 사무실에 혼자 남아 회계 처리를 하고 있는데 아빠에게서 전화가 왔다. 퉁퉁 불어터진 컵라면을 자리에서 먹으며 겨우 버티고 있던 나는 한순간에 무너졌다. "아빠, 나 도저히 못하겠어. 내가 여기서 뭘 하고 있는지 모르겠어." 나는 펑펑 울었고, 아빠는 다 괜찮으니까 바로 사직서 내고 부산으로 내려오라 했다. 그 후 두 달간 업무 인수인계를 해주고 첫 회사를 퇴사했다.

첫 번째 다녔던 화학회사.
웃고 있지만 밤마다 울었던 시절이다.
다행히도 이때 쌓은 경험은
나중에 공방 창업에 많은 도움이 되었다.

퇴사할 때 내 자리에는 대리와 사원 두 명이 충원되었다. 퇴사할 때마저 그 팀장은 "너 같은 지방대를 서울에서 뽑아주겠냐?"라며 무시했다. 음담패설과 상스러운 욕이 난무하던 그 곳을 나는 그렇게 벗어났다.

그때는 하나님을 원망하기만 했다. 나를 왜 이런 광야에 보내셨냐고 말이다. 하지만 하나부터 열까지 쇼핑몰 업무를 다 해본 그때의 경험은 캔들샵을 오픈할 때 큰 무기가 되어주었다. 아무것도 몰랐던 내가 월급을 받으면서 일을 배웠기 때문이다. 그 시기는 정말 많이 힘들었지만, 쌓인 경험은 허투루 버릴 것이 하나도 없었다.

5년차 대리가 잘 다니던 회사를 퇴사한 이유

광고홍보학을 전공한 나는 화학회사 온라인 마케터, 병원 홍보실, 광고대행사를 거치며 5년차 정도의 회사 경력을 쌓았다. 마지막 회사였던 광고대행사에서는 대기업의 유튜브, 블로그 콘텐츠를 담당하는 에디터로 근무했다. 주로 콘텐츠 기획, 대본 작성, 촬영용 제품 연출이 업무였는데, 요리를 직접 하기도 했고 어설펐지만 연기도 했다. 여기서도 업무 영역이 꽤 넓었다.

콘텐츠 만드는 일을 하고 싶었는데 딱 원하던 직무라 정말 즐거웠다. 촬영은 사내 스튜디오에서 하기도 하지만, 모델을 섭외하거나 자연 풍경 컷이 들어가는 콘텐츠 촬영은 외부로 나가는 일이 많았다. 방송국 PD처럼 전체 촬영 현장을 진두지휘해야 했다. 체력적으로 정신적으로 힘도 많이 들었다. 소품을 한가득 사야 하는 날이면 무거운 걸 이고지고 회사로 와야 했고, 서울에서 새벽 3시에 출발해 전남 완도 촬영을 가기도 했다. 그래도 내가 정말 원하던 일이어서 행복했다. 그런데 점점 일이 익숙해지고 업무가 반복되니 마음 한구석에서 이런 마음이 솔솔 피어올랐다. '대리급이긴 하지만 너무 박봉인 걸?'

메이저급의 큰 광고회사가 아닌 이상, 업계의 연봉이 다 고만고만했다. 내가 다닌 회사는 야근이 정말 없는 편이었는데도 고객사 일정을 맞추려고 어쩔 수 없이 야근을 할 수밖에 없는 상황도 많았다. '일이 재미있는데 연봉이 무슨 상관이야, 내가 좋아하는 일을 하고 있는 걸?' 생각하면서도 '내가 좋아하는 일로 조금 더 돈을 많이 벌 수는 없을까?' '내가 여태 회사에서 일 하면서 배운 것들을 모두 활용할 수는 없을까?'를 생각하며 사업을 해보고 싶은 마음이 생겨났다.

"프리랜서의 시대가 올 거야."

나는 정말로 곧 프리랜서의 시대가 올 것이라고 생각한다. 코로나19를 겪으며 많은 회사들이 재택근무를 실시하면서 오히려 그 시대의 도래가 훨씬 앞당겨진 것 같다. 개인이 가진 역량이 있고 퍼스널 브랜딩을 잘 해두면, 프로젝트별로 모여서 일을 하고 돈을 나눠 갖는 시대가 올 것이다.

회사는 더 이상 개인을 책임지지 않는다. 내 명함에서 이름 앞에 ○○회사 ○○팀을 빼고 나를 설명할 수 있는 방법이 무엇일까. 회사 밖에서 내 이름 석자로 먹고 살 수 있는 진짜 독립이 필요하다. 회사가 오히려 개인의 성장을 방해할 수도 있다고 생각했다. 회사라는 조직 틀 안에 나를 맞추느라 나에게 진짜 어떤 역량이 있는지도 모른 채, 매일 주어진 업무를 쳐내느라 씨름하다 결국 떠밀리듯 퇴직을 당하게 될지도 모르는 것 아닌가. 더 찬란하게 빛날 수 있는 사람인데 매달 들어오는 월급에 길들여지고 만족하면서 그냥 그렇게 살아가는 인생이 될 수도 있는 것이다. 그러기엔 한 번뿐인 인생이 너무 아깝다.

조금 무모할 수도 있지만 나는 나의 역량이 어디까지인가가 궁금해졌다. 아직 많은 인생을 살아보지는 않았지만, 여러 도전과 실패를 거듭하면서 쌓아왔던 것들이 실제로 어떤 아웃풋을 낼까가 정말 궁금해졌다. 평일 내내 정신없이 이리 치이고 저리 치이며 스트레스 만땅으로 일하다가 주말이나 퇴근 후에 먹고 마시고 즐겁게 보내고 또 월요병에 시달리는 그런 쳇바퀴 같은 삶에 무던히 적응하는 게 그다지 만족스러운 삶은 아니었다. 언젠가 먼 훗날 후회할 것 같았다.

그래서 사업을 하기로 결심했다.

처음부터 큰돈을 들이지 못했음에도, 점점 내가 만든 캔들을 구매하려고 하는 분들이 늘어나니 해볼 만한데? 라는 용기가 생겼다. 지방에서 혼자 상경해 서울에서 사업을 시작하다니. 사람 인생, 참 알다가도 모를 일이다.

열려라 N잡의 시대!
N잡러, 왜 캔들을 택했나

나는 회사를 다니는 내내 N잡러였다. 퇴근 후 나의 부캐 생활이 시작되는 것이다. 울산에서 첫 번째 회사를 다닐 때는 블로그에 글을 써 원고료를 받았고, 부산에서 두 번째 회사를 다닐 때는 블로거, 피아노 레슨 선생님, 병원 안내문 디자이너였다. 서울에서 세 번째 회사를 다닐 때도 마찬가지로 블로그 포스팅, 웹사이트 원고 작성, 피아노 레슨, 병원 안내문 디자인을 하며 부수입을 벌었다. 피아노 레슨을 하다 보니 대형 유통사의 라이브 커머스 방송에 출연하는 기회도 있었다.

주변 사람들이 보는 나는 부지런하고 늘 바쁜 사람이었다. 도대체 너는 언제 쉬냐는 질문을 항상 받아왔다. 하지만 나는 부수입을 버는 게 하나의 놀이였고 취미였다.

두 번째 회사, 종합병원에서 근무할 때

세 번째 회사에서 에디터로 근무할 때

피아노 연주자로 라이브 커머스 방송 출연

블로그 포스팅 후기들 중 일부

나는 가만히 흘려보내는 시간을 아까워하는 사람이다. 어차피 모두에게 똑같이 주어지는 시간인데, 조금이나마 내가 할 수 있는 일을 돈으로 바꿀 수 있다면 작고 소중한 월급에 더 도움이 되지 않을까 하는 생각이었다. 게다가 전부 시간이 그렇게 많이 소요되지도 않고 잠깐 짬을 내면 되는 일이어서, 내가 조금만 더 부지런을 떨면 한 달에 몇 십만 원이 더 생겼다.

캔들 자격증반 수업료를 6개월 할부를 했음에도 서울 전셋집 대출 이자보다 더 많은 금액이어서 기존 월급으로는 감당할 수 없었고, 연습할 재료값도 만만치 않았다. 결국 돈을 어떻게든 더 벌어야만 했다.

캔들도 처음엔 또 다른 부업 아이템이었다. N잡러인 내가 부업 아이템으로 왜 캔들을 택했는지 3가지로 이야기해보려 한다.

첫 번째, 재고 부담이 적다

예전에 잠깐 회사를 다니며 했던 '드라이플라워 캘리그라피 카드 사업' 이야기를 먼저 해야겠다. 첫 직장이 비료, 식물영양제를 만드는 곳이어서 꽃 농원을 갈 일이 많았다. 꽃을 볼 때마다 너무 행복하고 좋아서 두 번째 직장인 종합병원으로 옮겼을 때, 퇴근 후 화훼장식기능사 자격증을 준비하는 학원에 다니며 시험도 쳤다.

화훼장식기능사 준비 시절

(필기만 합격하고, 실기는 탈락했으니 정말 공부만 한 셈이다)

자격증 수업을 들으며 꽃으로 할 수 있는 뭔가를 만들어서 팔아볼까 생각하고 있었는데, 교회에서 청년부 행사 초대장을 만들어달라는 부탁을 받았다. 이때다 싶어 드라이플라워 캘리그라피 카드를 제작했는데 반응이 너무 좋았다. 그냥 고마움에 대한 칭찬이었을지 몰라도 예전부터 손으로 이것저것 만드는 걸 좋아했던 터라 이거다! 하는 생각이 들었다. 그렇게 인스타그램으로 사진을 올리고 판매를 시작했는데 주문이 들어오는 게 신기했다. 회사 일이 바빠지자 몇 개월 정도 하다 조용히 쥐도 새도 모르게 접었다.

마음 속 깊은 곳에서는 꽃집을 하고 싶었지만, 당장 어디서부터 시작해야 할지도 막막했고 꽃은 금방 시드니까 재고 관리도 어려

직접 만든 드라이플라워 캘리그라피 엽서

울 것 같았다. 처음부터 매장을 열 생각은 아니었고 회사를 다니면서 부업으로 하려고 했기 때문에 새벽시장도 가야 하는 꽃집은 더더욱 어려운 업종이었다. 꽃을 좋아하지만 배움에 그칠 수밖에 없었다.

그런데 캔들은 재료가 시들거나 상하지 않아서 재고 부담이 없고 집에서도 환기만 잘 되면 충분히 만들 수 있다. 주재료인 왁스, 향료 관리만 잘 하면 되겠다는 생각이 들었다. 왁스와 향료는 1년 이내로 두고두고 사용할 수 있고, 내가 만들고 싶을 때 만들기만 하면 되기 때문에 자체적으로 어쩔 수 없이 버리게 되는 경우가 적다. 그리고 제작 설비나 도구가 차지하는 부피가 크지 않아서 6평짜리 원룸에서도 제작이 가능했다.

두 번째, 소자본 창업이 가능하다

중소기업에 다니던 직장인이 무슨 큰돈이 있어서 창업을 하겠나. 그렇다고 창업 자금을 위해 대출을 받기는 싫었다. 그래서 일단은 악착같이 돈을 모으기 시작했다. 돈을 모으는 것의 출발점은 소비를 줄이는 것. 항상 사먹던 점심부터 도시락으로 싸다니고, 점심 먹고 카페에서 사먹던 커피도 끊었다. 동료들과 함께 맛있는 점심 메뉴 고르던 낙이 사라졌고, 함께 커피를 테이크아웃 하러 가도 주문하지 않고 멀뚱히 서 있던 내가 조금은 안쓰럽기도 했다. 하지만 어쩔 수 없었다. 남들은 모르는 나만의 계획이 있었기 때문이다.

캔들 자격증반 수업료가 협회 지정 전국 공통 150만원이기 때문에 나에게는 큰돈이었고, 카드 무이자 할부로 걸어서 결제했다. 나머지 재료는 방산시장과 인터넷을 오가며 조금씩 사들였다. 처음엔 집에서 연습 위주로 할 재료는 중고나라나 당근마켓에 저렴하게 올라온 것들로 샀다. 공방을 폐업하시는 분들이 내놓은 몰드나 재료도 값싸게 구매하면서 최대한 초기 연습용 재료비용을 아꼈다.

매달 나가는 휴대폰 요금도 줄이기 위해 알뜰폰으로 변경했다. 어떻게 돈을 더 벌 수 있을까 생각하다가 부산에서 했던 피아노 레슨이 떠올랐다. 피아노 전공은 아니지만 교회 반주를 17년 동안 하며 나름대로 쌓인 노하우 덕분에 레슨을 할 수 있었다. 바로 프리랜서 플랫폼에 커리큘럼을 짜서 올렸고, 올린 지 얼마 되지 않아 수강생 한 분이 생겨서 캔들 자격증반 강의료를 할부로 낼 수 있는 금액이 맞춰졌다. 캔들 공방 창업을 준비하면서 대리로 승진을 하게 되어 연봉이 올랐던 것도 그나마 다행이었다.

자격증반 수업료와 각종 캔들 제작 재료들(왁스, 향료, 몰드, 염료 등), 캔들 인증 검사비 등을 합쳐 초기 자본은 300만원 정도 들었다. 캔들샵을 창업하는 데 초기 자본이 300만원 밖에 들지 않았다고 하면 다들 정말 놀란다. 사업자등록은 신청하면 무료로 바로 나오고, 통신판매업 신고 수수료도 4만원 정도다. 캔들 인증 검사와 파생 신고가 되고 나면 캔들을 판매할 수 있다. 캔들샵 창업은 마음만 먹으면 정말 누구나 할 수 있다. 다만, 계속해서 성장을 하느냐 조금 하다 사라지느냐는 그 이후 문제다.

세 번째, 오래할 수 있는 기술이다

대학 졸업 후 25살에 첫 회사를 들어가고, 1년 n개월 단위로 회사를 옮기며 지방에서 서울까지 오게 된 내 모습을 보면서 더 이상 이렇게 살고 싶지는 않다는 생각이 들었다. 한 번 마음을 쏟으면 정말 끝까지 열정을 불태우는 성격이다 보니, 회사를 1년쯤 다니면 번아웃이 와버려 아무것도 하기 싫어지는 때가 잦았다.

언젠가 내 사업을 하고 싶다는 생각은 있었지만 막연했다. 어떤 아이템으로 무엇을 할 수 있을까를 고민하며 내가 잘할 수 있는 것들을 써내려갔다. 결국은 무엇인가를 창조해내고 생산해내는 것이라는 공통점이 있었다. 그 중에서도 자격증이 있어서 어느 정도 공신력이 있는 분야였으면 좋겠다는 생각이 들었다.

광고회사를 다니며 '내가 나중에 아이를 낳고 육아를 하며 일을 계속 할 수 있을까?' 하는 의문이 들었다. '이 필드에 과연 출산 후에 돌아와도 살아남을 수 있을까?' 하는 질문이 나를 잠식했던 적이 있다. '계속해서 급변하는 미디어 환경 속에서 뒤처지지 않을 자신이 있나?' '내가 그 회사에서 필요로 하는 사람이 될 수 있나?' 하는 질문들이었다. 나는 그런 기준에 나를 맞추기보다 '내가 갈 수 있는 길을 만들어보자' 라는 결론을 내렸다.

그럼, 내가 가진 손재주를 활용해서 배울 수 있는 기술이 뭐가 있을까? 아기자기하고 향긋한 캔들, 비누, 방향제 이런 쪽으로 관심이 기울었다. 원데이 클래스를 한 번 참여해보니 너무 재밌었다. '이건 정말 결혼하고 아기 낳고 나이가 들어서도 내가 재밌게 할 수 있겠다' 하는 마음이 들었다.

다른 수공예 분야도 물론 비슷할 수 있지만, 캔들은 표현할 수 있는 범위가 넓고 무궁무진하다. 왁스의 성질을 제대로 이해하고 잘 다룬다면, 캔들 제작 기술을 가진 것이기 때문에 계속해서 응용 작업이 가능하다.

캔들을 제작할 때는 몰드가 필요하므로 몰드만 만든다면 얼마든지 모든 것을 캔들화 할 수 있다. 3D프린터로 원형을 만들어 몰드를 뜨기도 하고, 실제 빵이나 도자기, 유리병 등으로 몰드를 만들 수도 있다. 이렇게 캔들화 하는 과정 자체에서 오는 신선한 재미가 있다 보니 캔들은 질리지 않고 오래 할 수 있다.

모든 수공예는 손이 정말 많이 간다. 그래서 手공예겠지. 단순히 캔들을 제작하는 캔들 디자이너를 넘어서 캔들 콘텐츠 사업가가 되고 싶다.

공방을 당장 열 수는 없겠는걸?

KCCA 협회의 캔들 자격증반 과정은 총 6주차로 이루어져 있다. 이 6주 과정을 이수한 후 포트폴리오를 협회에 제출하면 양초공예지도사 지도사범 자격증이 발급되는 시스템이다. 내가 운영하고 있는 자격증반 수업에서는 창업에 필요한 정보를 A부터 Z까지 묶어 창업가이드북을 제공한다. 재료 구매 거래처와 캔들 인증검사 받는 법, 사진 촬영법, 마케팅법 등이 담겨 있다.

공방을 오픈하기 전, 광고회사를 다니며 토요일마다 공방에서 캔들 자격증반 수업을 들었다. 월요일부터 금요일까지는 광고회사 에디터로, 토요일은 캔들 공예 학생이 되었다. 최대한 주말 근무를 안 하려고 했지만, 토요일에 촬영 일을 해야 하는 경우는 어쩔 수 없이 캔들 수업을 다른 날로 미뤄야 했다. 그 시기에 평일 퇴근 후에는 영상제작 학원까지 다니고 있었기에 정말 눈코 뜰 새 없이 바빴다.

어떤 사람은 자격증반 수업을 들으면서 공방을 바로 알아본다고 하는데, 나는 그럴 수가 없었다. 이미 서울 자취방을 전세로 얻는 바람에 공방을 새로 얻을 목돈이 부족했기 때문이다. 그리고 당장 수익이 발생하지 않는데 월세를 내는 공방이 부담됐고, 더군다나 아직 직장인이기 때문에 공방에 머무르는 시간도 드물 것이었다. 그래서 회사 일은 회사 일대로 집중해서 차질 없이 처리하고, 퇴근 후 자취방에서 캔들 연습을 하는 식으로 준비해 나갔다.

내 자취방인 원룸에서 건장한 남동생과 함께 살고 있었던 터라 정말 턱없이 비좁았다. 하면 할수록 쌓여가는 캔들 재료와 도구들, 연습한 결과물들이 방 한 켠에 크게 자리했고 그와 비례하여 내 마음 속 부담감도 쌓여갔다. '점점 투자한 것들은 많아지는데 막상 판매가 잘 되지 않으면 어떡하지, 진짜 내가 캔들샵을 오픈할 수 있을까? 경쟁자들이 이렇게나 많은데 굳이 내 캔들샵에서 사는 사람이 있을까?' 라는 조바심이 났다. 그럴수록 지금 당장 내가 할 수 있는 것부터 해나가자는 마음으로 스티커와 안내 카드를 디자인하고, 심지에 달아둘 라벨을 인쇄하고 오리면서 마음을 다 잡았다.

회사 다니면서 창업 준비하는 법

회사 수입만으로는 서울에 집 한 채 사기 힘든 요즘. 그래서 직장인 투잡, 직장인 부업이 늘 화제인 것 같다. 나도 투잡, 부업으로 시작한 캔들이 창업으로 이어지기까지의 시간들이 있었다.

"창업, 누가 쉽다 그랬어?"

투잡이나 부업, 창업에 관심을 갖고 찾아봤던 사람이라면 '무자본 창업, 하루 15분만 투자하세요!' 이런 문구를 많이 봤을 것이다. 나도 유튜브에서 그런 분들의 영상을 자주 봤고 디지털 노마드와 관련된 책도 엄청 읽었다. 유익이 많았다. 덕분에 생각지도 못했던 분야에서 엄청난 수익을 낼 수 있다는 것을 알게 되고, 비즈니스 모델이나 수익구조 등에 대한 시야를 넓힐 수 있었다.

그런데, 정말 15분만 투자하면 될까?

답은 '15분만 투자해도 될 만큼의 시스템을 갖춰야 된다.' 이다. 주로 구매대행 관련해서 하시는 분들이 짧은 시간만 들이고 매출을 상승시킨다고 하는데, 맞는 말이지만 그 전까지 드는 노력이 정말 상당하다. 어떤 제품이 시장에서 잘 팔릴지 찾아보는 시간도 들고, 제품도 많이 업로드해보며 잘 나가는 제품과 잘 나가지 않는 제품의 차이도 찾아보아야 한다. 무작정 15분만 투자하면 되겠지 하고 뛰어들어서 되는 게 아니라는 이야기다. 그렇게 시간을 조금만 들여도 높은 매출을 내는 분들은 그만큼 고민하고 또 고민하며 치열하게 쌓아온 시간이 있었다.

"퇴근 후 저녁과 달콤한 주말이 없다"

캔들 자격증반 수업을 토요반으로 신청하여 들었다. 아침 10시부터 약 2시까지 6주간 진행됐다. 꿀같은 토요일 아침, 늦잠을 자고 싶어도 집에서 한 시간 거리의 공방에서 수업을 들었기 때문에 8시에는 일어나야 했다. 캔들 수업이 끝나면 카페에 가서 간단하게 점심을 먹으며 그날 만든 캔들을 촬영했다. (나중에 별도로 샘플을 만들면 그 샘플 만드는 대로 일이고 재료도 들고 하니, 미리 촬영을 해두는 것을 추천한다)

우리나라 법에 캔들은 화학제품으로 분류되기 때문에 캔들을 판매하려면 위해우려제품 인증 검사와 파생 신고를 해야 한다. 이때 검사를 위해 제출할 샘플도 만들어야 하고 각종 서류 작업들이 많은 편이다. 6주간의 자격증반 수업을 수료하자마자 샘플을 만들어 인증 검사를 바로 신청해서 검사결과를 받았다. 퇴근 후 집에 오면 파생 신고를 위한 서류 작업과 인스타그램에 업로드할 사진 촬영을 했다. 신고가 완료된 제품에 한해 인스타그램에서 판매를 진행했는데, 이 주문 건들은 회사 점심시간에 샌드위치로 점심을 대충 때워가며 택배 배송을 하러 다녔다.

주말에 틈틈이 부동산을 돌아다니며 공방 매물이 괜찮은 곳이 있는지를 봤고, 소품샵을 투어하면서 어떤 제품을 어떻게 진열했는지 보러 다녔다. 이 모든 걸 회사를 다니면서 한다는 것 자체가 쉬운 일은 아니었다. 회사 일이 바쁠 땐 야근도 밤늦게까지 해야 했다. 중간중간 지치기도 해서 연차를 내고 쉬거나, 연차 날 집에서 주문 건들을 제작했다.

"투잡, 부업 하면 사장님이 싫어하실까?"

당연히 대놓고 하면 좋아하실 분들은 없을 것이다. 고용주 입장에서 고용인이 혹여나 본업을 소홀히 하지는 않을까 하는 우려가 있기 때문이다. 고용주의 입장에서는 충분히 그럴 만하고 공감한다. 다행히 내가 다녔던 회사에서는 면접을 볼 때부터 부업을 하고 있다고(드라이플라워카드 사업) 말씀드렸었는데 괜찮다고 하셨다. 이것은 정말 회사 방침이나 대표님에 따라 다르다.

그래서 최대한 본캐와 부캐를 잘 나눠서 행동해야 한다고 생각한다. 밤늦게까지 부업을 하느라 피곤해서 다음 날 회사에 지각한다거나, 회사에서 부업 일을 한다거나, 부업 때문에 회사에 피해가 가면 안 된다. 혹여나 별도로 사업을 하는 것이 들킨다면 불이익이 있을 수도 있다. 그만큼 본업을 할 때는 본업에 집중하고, 부업은 부업대로 최선을 다하는 것이 좋다.

부업을 하게 되면 본업에 더 충실하게 된다는 좋은 점도 있다. 질질 끌면서 동료들과 천천히 할 수도 있는 일을, 야근하지 않기 위해 미친 듯이 업무시간 내에 다 끝내고 퇴근하게 되기도 한다. 그만큼 책임감과 효율이 높아진다. 나는 그 와중에 승진도 했다.

직장인이 사업자등록을 했다고 해서 사장님이 알 수는 없다. 회사에서는 근로 소득에 대한 연말 정산을 하고, 부가적인 사업과 관련된 소득 신고는 5월에 개인이 종합소득세로 신고해야 한다. 세법상으로 직장인이 사업자등록을 하는 것은 괜찮지만, 회사 내규에 겸업이나 겸직 금지, 사업자등록 불가 등의 제재 규정이 있는지 꼭 확인하고 시작해야 한다. 특히, 회사에서 내일채움공제를 하고 있거나, 실업급여를 받고 있다면 사업자등록을 할 시 지원이 끊기므로 이것도 확인해야 한다.

"퇴사 다음 날 공방 오픈!"

서울 1호선·7호선 가산디지털단지역 근처에 위치한 1층 매물을 보자마자 이곳이다! 싶었다. 여기를 놓치면 후회할 거라는 생각이 들었다. 곧바로 회사에 퇴사 의사를 밝히고 공방 자리를 계약했다.

오프라인 창업의 첫 번째는 간판 달기.

간판 디자인은 부산에서 같이 광고 동아리 모임을 했던 디자이너 언니에게 부탁했다. 내가 원하는 손글씨 느낌의 귀여운 레퍼런스들을 보내주고 시안을 받았다. 정말 딱 내 마음을 안 듯이, 언니는 마음에 쏙 드는 로고를 만들어주었다. 확정된 시안의 일러스트 파일을 간판 업체에 보냈고, 업체에서는 인쇄만 하면 되어 비교적 빠르게 진행됐다.

기존에 있던 간판 안의 등이 몇 개가 나가 있어서 전체를 LED등으로 교체해 밝게 하기로 했다. 그런데 기사님이 낮에 설치하러 오신다고 해서서 어쩔 수 없이 전화로 진행을 해야 했다. 회사 내에서는 다음 사람을 위한 인수인계와 기존 업무를 동시에 해내야

언니가 만들어준 로고

해서 연차를 낼 시간조차 없었다. 결국, 회사 계단에서 비밀리에 간판 사장님과의 작전이 펼쳐졌다. 기존 간판을 어떻게 떼어냈고, 등을 몇 개를 설치했고, 판넬은 어떻게 작업했고 하는 이야기들 말이다.

미리 공방으로 선반이나 필요한 인테리어 재료들을 주문해서 보내두고, 저녁에 퇴근하고 와서 정리하고, 주말에 와서 정리하는 식으로 오픈 준비를 했다. 그래도 기존에 인테리어가 되어 있는 부분을 많이 활용한 덕분에 생각보다 수월하게 한 편이다. 중간중간 진열해둘 샘플을 만들고, 소품샵으로도 같이 운영할 목적으로 문구류 작가님들을 인스타그램으로 모집했다. 인스타그램으로 공방 오픈을 공지해, 미리 원데이 클래스 예약도 받아두었다.

그렇게 퇴사 다음 날 바로 공방을 오픈할 수 있었고, 오픈 당일부터 원데이 클래스를 진행했다.

퇴사 전 광고회사 대표님과의 면담 때, 창업을 하게 되어서 퇴사한다고, 당돌하게도 창업 후배에게 조언 한마디를 요청 드렸었다. 대표님께서 웃으시더니 "사업 할 때는 멀리 보고 해라. 일희일비 하지 마라." 라고 해주셨다. 이 말 한마디는 감염병이 창궐하여 매출이 오르락내리락하던 상황에서도 마음을 잘 잡을 수 있게 해주었다.

나의 첫 매장 〈비라이트〉의 내부　　　　　　　　　　　　　　　　〈비라이트〉의 외부 모습

　　클래스 일정이 없을 때도 있고, 판매가 되지 않아 다음달 공방 월세는 어찌 내나 고민을 하기도 했다. 그래도 공방을 창업했다는 것에 후회가 없다. 조금 더 멀리 보고 잘 될 것이라는 마음으로 오늘 당장 할 수 있는 일에 집중하며 버텼다.

공방 창업을 준비할 때
꼭 필요한 것

공방 창업이라고 하면 좋아하는 음악을 틀어놓고
아늑한 아지트에서 혼자 조용히 작업하니,
지상낙원 천국 같을 것이라고 생각할 수 있다.
원피스에 예쁜 앞치마 입고 살랑살랑 다니는 것 같으니
쉬워 보일지도 모른다.
겉으로는 그렇게 보일지 몰라도
공방 속은 매일이 총성 없는 전쟁터다.
나는 과연 공방 창업이 잘 맞는 유형인지 확인해보자.

공방 창업이 잘 맞는 유형 5가지

첫 번째, 손 재주 있는 사람

기본적으로 수공예 분야라 손으로 하는 일이니, 손재주가 어느 정도는 필요하다. 손재주가 있는지 가장 빨리 알 수 있는 방법은 내가 직접 만든 제품을 주위 사람들한테 나누어주었을 때 "와~ 이거 진짜 팔아도 되겠다. 산 거 아냐?" 하는 감탄이 나오는지를 확인하는 것이다. 여기서 포인트는 으레 감사한 마음에 하는 멘트성 말이 아닌, 진짜 진심인지이다.

나는 발렌타인데이, 막대과자데이 같은 기념일이면 항상 뭔가를 만드는 사람이었다. 그게 군이 남자친구를 주기 위함이 아니라, 가볍게 마음을 전하고 싶었던 분들에게(예를 들어 회사 동료들, 교회 분들 등) 소소하게나마 조그맣게 만들어서 드리곤 했었

회사 사람들을 위해 직접 만든 막대과자   발렌타인데이를 위해 만든 딸기퐁듀

다. 나로서는 만드는 것 자체가 재미있고 쉽게 휘리릭 할 수 있는 것이었고, 어떻게 하면 효율적으로 만들 수 있는지가 머릿속에 쉽게 떠올랐다. 많은 정성이 들어간 게 아닌데도 받으시는 분들이 다들 놀라면서 "이거 진짜 직접 만든 거야? 파는 거 아니야?"라고 하셔서 '아, 나는 손재주가 있는 편이구나'를 깨달았다. 이러한 경험이 여러분에게도 있다면 진지하게 고민을 해보길 바란다. 자기 객관화는 필수다.

두 번째, 수작업이나 반복작업을 지루해하지 않는 사람

캔들을 만드는 건 여전히 당연히 재미있지만, 그 이후의 포장 작업은 계속 반복이다. 캔들을 만드는 것 자체도 어떻게 보면 계속 반복인 셈. 매일 같은 작업을 하기도 하는데, 이런 작업들을 지루해한다면 조금 힘들 수 있다. 손으로 이것저것 만들고 이 작업을 계속 반복하는 단순노동을 즐기는 분이라면 잘 맞을 것이다.

특히 몸을 움직이는 것을 좋아한다면 적성에 잘 맞다. 물론 택배가 로켓으로 하루 만에 오는 나라의 민족이라 온라인으로 재료를 구매할 수도 있지만, 꽃이나 향료는 직접 보고 사는 게 좋을 때도 있다. 그래서 재료를 사기 위해 시장도 자주 다니고, 제작 작업을 할 때는 잠시도 앉을 틈 없이 계속 몸으로 일한다. 가만히 앉아 있기를 좋아하는 사람이라면 일이 버거울 수 있다. 가만히 못 앉아 있는 분이라면 정말 추천한다.

5년 차 회사 생활을 하는 동안 일 자체가 가만히 앉아서 하는 사무직이 아니었다. 물론 콘텐츠를 기획하고 글 쓰고 할 때는 앉아 있지만, 몸을 움직이며 하는 일이 더 즐겁고 재미있었다. 회사차를 몰고 밀양 얼음골 과수원에 가서 이장님을 만나 단가 협의도 하고, 줄자를 들고 다니며 사다리를 타고 올라가 안내 표찰 사이즈를 재기도 하고, 유튜브 촬영 현장에 나가서 짐 나르고 소품 세팅하고 디렉팅하고 했던 일 등 말이다.

몸은 물론 힘들지만 성향과 잘 맞아서인지 일을 재미있게 할 수 있었다. 공방 일도 마찬가지다. 혼자 모든 것을 다 해내야 하기에 부지런히 움직여야 한다.

세 번째, 배움을 즐기는 사람

어떤 분야든 수공예의 가장 대표적이고 기본적인 기법은 자격 증반이나 마스터반 등에서 전부 배우게 된다. 여기서 내 공방만의 차별화된 제품을 만들려면 스스로 계속 연구를 해야 한다. 재료의 비율을 바꿔본다거나, 새로운 몰드를 직접 떠서 만든다거나, 주재료의 종류를 완전 바꿔버린다거나 하는 등으로 이것저것 계속 시도를 해본다. 끊임없는 도전과 실패를 거쳐 새로운 레시피가 탄생하는 것이다.

조금 더 다양한 기법을 배우기 위해서 다른 협회의 커리큘럼을 배우러 가기도 하고, 추가적으로 수업을 오픈할 수 있도록 심화 수료증 과정을 듣기도 한다. '나는 하나 배웠으니까 끝이야. 다 할 수 있어' 이렇게 두고 끝내버리면 멈추게 된다. 다양한 기법을 어떻게 자유자재로 활용하느냐는 얼마나 배우고 내 것으로 만들기 위해 연구했느냐에 따라 다르다. 인풋 없는 아웃풋은 없다.

수공예 분야에도 유행이 있다. 소비자들이 좋아하는 트렌드가 굉장히 빨리 바뀌기 때문에 이에 앞서 나가지는 못하더라도 발이라도 맞추려면 계속해서 연구하고 배워야 한다.

그리고 그 배움의 종류는 제품을 만드는 기법뿐만이 아니라 마케팅, 회계, 세무, 디자인, 손익계산 등 다양하다. 혼자 창업을 하려면 알아야 할 것들이 정말 많다. 이런 것을 나는 모르겠어. 어떡하지?' 할 게 아니라 '내가 어떻게든 하나씩 알아서 직접 해보겠다' 또는 '이것은 어디 어디에 맡겨야겠다' 하는 마음가짐이나 열정이 있어야 한다.

나는 마케팅 일을 해왔기 때문에 마케팅은 그렇다 치더라도 회계 쪽이나 세무 쪽은 정말 무지했다. 그래서 유튜브와 책을 찾아보면서 기본 개념부터 공부했고, 직접 적용해보면서 비용 처리와 손익계산에 대한 노하우를 많이 얻을 수 있었다. 알면 알수록 모르는 것이 많다는 것. 이 말에 더없이 공감하게 된다. 그렇다 보니 지금도 계속 배워야 할 게 많고 알고 싶은 것들이 너무 많다. 직장인일 때 업무 스킬 키운다고 자기계발하는 것보다 훨씬 방대한 양이라 새로운 세계가 열린 기분이다.

영국의 정치가이자 작가인 벤저민 디즈레일리는 "많이 보고 많이 겪고 많이 공부하는 것은 배움의 세 가지 기둥이다."라고 했다. 평소에 나는 캔들 제작이나 공방 운영에 대한 영감을 얻기 위해 전시회나 영화, 책을 보러 다닌다. 클래스를 통해 다양한 사람들을 겪으며 서비스에 대한 기준을 세운다. 소비자 심리, SNS 등 매일 공부할 것들이 가득하다. 최대한 많이 배우자.

네 번째, 능동적인 사람

능동적이라는 것은 누가 시키지 않아도 스스로 일을 하는 것이다. 공방 일이 클래스나 주문 건이 매일 있으면 정말 좋고 감사한 일이지만, 아무 일이 없는 날도 있다. 매장에 아무도 오지 않는 날, 주문도 없고 클래스도 없는 날이 있다는 말이다. 이런 날, 가만히 앉아 있으면 굶어 죽는다. 그대로 조용히 사라질 수도 있다는 무시무시한 결말이 떠오르지 않는가. 이럴 때일수록 '오늘은 이 일을 해야지' '내일은 저 일을 해야지' 하는 계획을 세워야 한다.

회사에서 나한테 주어진 일이 아니거나 상사가 시키는 일이 없으면 일을 안 할 수도 있다. 속된 말로 이럴 때 월급 루팡, 꿀이라며 몰래 놀면서 시간만 때울 수도 있다. 월급 받는 만큼만 일한다고, 회사에서는 뭘 잘한다고 말하면 무덤 파는 거라고 조소 섞인 이야기를 하기도 한다. 하지만 이러한 나태한 태도는 본인의 커리어를 쌓는 데도, 능력을 발전시키는 데도 하나도 도움이 안 된다.

회사를 다닐 때 정말 미친 듯이 일을 쳐내야 할 때도 있었지만, 반대로 모든 것이 고요할 때도 있었다. 이럴 때 나는 아예 새로운 프로젝트를 기획해 본다거나, 일 처리 방식에서 조금 더 효율을 높일 방향은 없을까 고민했었다. 시키지도 않았는데 알아서 척척 새로운 기획안을 들이밀고 그 기획안이 임원진에서 통과되어 시스템을 효율적으로 바꾸니, 상사들의 인정은 자연스레 따라왔다.

지금 공방 사장이 된 나는 아무 일이 없으면 블로그에 글을 하나 더 쓰고, 새로운 클래스를 기획하고, 교재를 업데이트 하는 등 일을 자발적으로 만든다. 유튜브 채널도 그렇게 만들었다. 아무

느리지만 꾸준히 운영하고 있는 유튜브 채널
(https://www.youtube.com/@be_light)

일이 없다고 가만히 있기보다 뭐라도 하자 싶어서 찍어뒀던 영상을 편집해 업로드한 것이 유튜브인데, 1년이 채 되지 않아 구독자 1,000명과 시청 시간 4,000시간이 금세 넘어 수익화가 가능해졌다. 이렇게 새로운 수입 파이프라인을 또 하나 만든 것이다. 우리의 모든 시간은 이렇게 차곡차곡 쌓여간다.

1인 창업은 동료가 없기 때문에 자신이 갖고 있는 능력을 최대한 끌어내어 모조리 활용해야 한다. 입사 초에 넘치던 의욕과 열정으로 이것저것 해보겠다는 그 마음가짐이 계속 이어져야 해서 다시 신입으로 돌아간 기분이다. 일을 남들보다 좀 더 열정적으로 파고드는 능동적인 행동력이 필요하다. 창업에 절대 '적당히'란 없다. 인내심과 투지, 끈기로 계속 밀고 나가야 한다. 일을 어떻게 하면 더 벌일 수 있을까, 즐기면서 할 수 있을까를 계속 고민하는 분이라면 창업을 하는 것도 괜찮다고 본다.

다섯 번째, 사람 만나는 것을 좋아하는 사람

온라인으로 판매만 한다면 CS 정도만 잘하면 되겠지만, 오프라인 공방을 오픈한다는 것은 클래스를 오픈한다는 것이고, 클래스를 진행한다는 것은 매일 매 시간 다른 사람들을 만난다는 뜻이다. 클래스를 하면서 클래스 외적인 이야기로 같이 수다를 떨기도 하는데 이런 낯선 사람들과의 대화를 즐기는 분이라면 공방 창업이 잘 맞을 것이다.

클래스를 하다 보면 정말 다양한 분들이 많이 오신다. 원데이클래스를 하루에 10시, 13시, 16시, 19시로 나누어 진행하는데 12월 성수기 때는 일주일에 이 모든 타임이 마감되는 때도 있었다. 한 타임에 최대 열 명까지 수업하는데, 매일 매 시간마다 다른 사람들을 만나고 한두 시간 정도를 나의 공간에서 서비스해야 하는 것이다. 사람을 만나는 것을 주저하고 두려워하는 사람이라면 기 빨리는 시간일 수도 있는 것이다.

사람들의 성향이 다 다르기 때문에 이런 성향들을 기민하게 파

캔들창업에 관심이 있어 이것저것 질문을 많이했는데 오랫동안 알고 지냈던 사람처럼 정말 친절하게 알려주셔서요 그 지겨운 수업이라 생각들 했던 시간도 이렇게나 이쁜 작품을 만들 수 있다니깐 재방문 10000000000% 입니당 ㅠ 전 또 올게용 슝♡

오늘 원데이 클래스 A 케이크와 디저트 캔들, B 청크캔들 만들 수 있는데 공방도 아늑하고 아기자기하고, 무엇보다 도란도란 설 명들으면서 만드니 너무 즐겁고 행복했습니다 😊

진짜 너무 재미있었어요💜💜💜 지금까지 들어봤던 원데이클래스 중 최고!! 입장부터 퇴장까지 힐링으로 꼭꼭 채워진 시간이었어요 쌤도 넘 친절하셔서 편안했습니다 💜💜💜

너무 재밌고 유익한 시간이었습니다♥ 향초에 대해 더 알게되고 관심이 더 많아졌어요 인테리어용으로 만들고 싶었는데 이런 기회가 있어서 감사했습니다^^ 친절하시고 아름다우신 강사님 최고ㅎ

친절하게 알려주셔서 너무 즐겁게 수업 받았어요! 친구들과 함께 갔는데 완전 유치한 질문들에도 친절히 답해주셔서 너무 즐거웠습니다!! 주변에 추천 할 것 같아요! 💜💜

너무 예쁘고 쌤도 너무 친절하시고 들어가자마자 향이 너무 독특하고 은은하게 좋은 향이 나서 향에 민감한 저도 속 울렁거리지 않고 편안했어요 느려도 계속 기다려주시고 중간중간 기다려는 시간에 심심하지 않게 챙겨주시고 너무 즐거웠음 낼은 혼자서 또 오고싶어용!

캔들 원데이 클래스 후기

처음 가는 향수 공방인데 친절하게 설명 잘 해주시고 섬망도 잘 해주셔서 좋았어요💜 많이 재밌고 특별한 경험이 됐고 기회가 된다면 한번 더 오고 싶어요❤️ 매일 특강은 데이트로 고민될 때 여자친구 데이트, 오시는거 추천 드려요♥ 여기까지 향과 제 취향인 향수가 될 수 있는 좋은 기회라고입니다

향수공방은 처음인데 첫 공방부터 너무 친절하시고 좋은 선생님이랑 함께 향수 만들고 갑니다 ㅠㅠ 너무 만족하고 원하는 향에 맞게 설명도 잘 해주셔서 다음에 또 올게용❤️

처음부터 차근차근 너무 친절하게 설명해주셔서 금방 만들 수 있었어요! 내가 좋아하는 향과 색감을 찬찬히 고민할 수 있어서 더욱 좋았어요! 향수도 만들어 봐야겠어요 ♡ ♡ 자신의 향 취향을 잘 모른다면 더욱 추천드려요♡ 퇴근하고 힐링하러 딱 좋아요ㅠㅠ 물어보는 거 다 잘 설명해주셔서 정말 감사합니다👍ㅎ

향수 만드는 동안 선생님과도 너무 즐겁게 대화도 하고, 만드는 과정 하나하나 너무 친절하게 알려주셔서! 특별한 경험이 될 것 같아요 다들 경험하시는 것도 좋을것 같아요!

선생님께서 정말 친절하시고 쉽게 잘 설명해주셨습니다 머리거지 향 추천도 어려운거 잘 추천해주시고, 중간중간 사진도 예쁘게 찍어주셔서 정말 만족합니다 감사합니다!!

원하는 향을 충분히 맡아볼 수 있는 여유로운 수업시간이라 좋 았습니다 ㅎㅎ 마음에 드는 향들 딱 골라서!! 균형있는 비율 로 조합해 주셔서 좋은 향수 만들 수 있었어요! 😊 라벨이랑 병이 너무 예뻐요 너무 즐거웠습니다!!

향수 원데이 클래스 후기

악하고 유연하게 대처할 수 있는 눈치, 넓은 포용력이 굉장히 많이 필요하다. 나는 어색한 침묵을 잘 못 참기 때문에 계속 질문을 던 져드린다. 어디서 오셨는지, 여기 공방은 어떻게 알게 되셨는지, 퇴근 후 저녁에 오신 분들께는 오늘 하루 어떠셨는지 등등 나름의 가벼운 아이스브레이킹 시간을 만드는 것이다. 간혹, 아무 말도 하고 싶지 않아 하시는 분들은 눈치껏 조용히 해드리기도 한다.

이렇게 웃으며 수다 떠는 시간을 즐기고 감사하게 생각하기 때 문에 지금까지 클래스를 아무 탈 없이 잘 해오고 있는 것이지, 만 약 나 스스로 사람들에게 낯가리고 먼저 다가가는 것을 어려워했 다면 클래스 운영은 하지 못했을 것이다.

어떤 종류든 친구가 아닌 고객을 대하는 일을 한 번이라도 해본 적이 있다면 공방 운영에 정말 큰 도움이 될 것이다. 사람 대하는 법도 계속 공부하고 노력하면 늘게 되어 있다.

퇴사 후 공방 창업의 장단점 4가지

'퇴사하고 창업이나 할까?' 하는 생각. 누구나 해본 적이 있을 것이다. 나 역시도 늘 '언젠가는 내 사업을 하겠지' 하는 막연한 마음이 항상 있었다. 그런데 캔들을 만나고 이렇게 빠르게 진행될지는 꿈에도 몰랐다.

주인공에 감정 이입해 매 회 울면서 봤던 드라마 〈미생〉에는 "회사 안은 전쟁터라고? 밖은 지옥이다"라는 대사가 나온다. 하하호호 하다가도 제 밥그릇 앞에서는 장사 없다고, 피 터지는 사내 경쟁과 정치에 신물이 날 지경일 때도 있었다. 그런 전쟁터에서 나름의 무기를 잘 장착하고 나왔다고 생각했는데, 정작 회사 밖으로 나와 보니 그동안 회사는 각각의 유기체들이 모여 굴러가는 곳임을, 나는 그 부속품 중 하나였음을 몹시도 깨달았다.

퇴사 후 창업에는 분명한 장단점이 존재한다. 회사를 다니든 창업을 하든 장점이 있으면 단점도 있다. 어디까지나 개인적인 생각이지만, 어느 정도는 공감이 되리라 생각한다.

장점 1. 시간 제약이 없다

직장인일 때는 9시부터 18시까지 출퇴근 시간이 정해져 있고, 고용된 사람이기에 그 시간을 무조건 채워야 하는 의무가 있다. 하지만 자영업자는 내가 쉬고 싶을 때, 놀고 싶을 때 쉴 수 있다. '오늘은 일 하기 싫으니까 좀 나가서 놀까?' 하는 마음이 들면 오후 3시에 문을 닫고 나가기도 한다. 이 점은 모두가 아는, 제일 부러워하는 환상적인 장점이다. 동업자가 없는 1인 창업이기 때문에 시간 조절이 가능한 것이라 생각한다. 오롯이 내 마음이니까 말이다.

워킹맘으로 살기가 참 고달픈 현실. 아직 겪지는 않았지만 큰 회사에서도 육아 휴직을 다녀오면 외지로 발령을 낸다든가 하는 뉴스를 계속 접하다 보니, 내가 계속 광고회사에서 일을 하면서 아이도 키울 수 있을까 하는 생각이 들었다. 육아 휴직을 쓸 수 있는 것인지, 아이가 아프거나 돌발 상황이 생겼을 때 과연 눈치를 보지 않고 퇴근을 할 수 있을까. 나는 내 일을 계속 하고 싶은데… 공방 운영은 시간 제약이 없으니 아이를 유치원에 맡겨놓고 출근해서 일 하다가 데리러 갔다가 저녁에 다시 일 하러 나오는 등 일하는 시간이 자율적이다. 혹여나 아이가 아프면 공방 문을 며칠 정도는 달을 수 있다. 임신을 해서 마지막 달까지 배가 가득 부른 채로 일을 하다 "잠깐 방 빼고 올게요!"라며 발랄하게 출산 인사를 하고는 3~4개월 후 다시 복귀하는 선생님들을 보면 존경스럽기까지 하다. 이 점에서 임신과 출산을 겪는 여성에게 내 기술을 가지고 일을 할 수 있는 좋은 직업이 아닐까 한다.

단점 1. 자리를 비우면 매출이 없다

나의 공방은 12시부터 20시까지로 오픈 시간을 정해두었다. 수업 외에도 공방에서 판매를 하고 있기 때문에 자리를 비우면 매출이 발생하지 않는다. 이것은 가게를 맡길 직원이 없는 1인 오프라인 자영업자라면 누구나 그럴 것이다. 공간에 매여 있는 것. 평일 낮의 여유를 가질 수 있다는 환상이 환장이 되기까지는 그리 오래 걸리지 않았다.

예약된 클래스가 있을 때는 당연히 자리를 지키겠지만, 언제 고객이 올지 모르는 상황이므로 감옥같다. 어디 잠깐 자리를 비우는 것이 부담되는, 향기로운 캔들에 둘러싸인 예쁜 감옥. 공방에서 클래스만 예약제로 받고 온라인 판매 작업실로만 쓴다면 오픈 시간이 상관없지만 나는 오프라인 판매도 같이 하기 때문에 그렇다. (첫 2년차까지 소품샵을 겸한 매장을 운영할 때 이야기다)

'오픈 시간 내에는 무조건 자리에 있어야 한다' 라는 선을 스스로 정했다. '가게는 언제든 열려 있다'는 인식을 손님이 가져야 편하게 올 수 있다'고 생각하기 때문에 아무리 심한 폭풍우가 몰아쳐도 문을 열었다. 아무래도 손님이 오지 않을 것 같아 문을 닫고 놀러가고 싶어도 매출을 생각하면 저녁 약속을 잡을 수도 없다. 토요일도 전문가반 클래스가 있기 때문에 결혼식 프로 불참러인 지도 오래다. 떠나고 싶은 마음을 꾹 참고 운영 시간을 지켰는데 손님이 하나도 없는 날에는 허무한 마음을 괜한 곳에 쏟아내기도 했다. 그러니 끼니도 공방 안에서 해결하게 된다. 근처에서 밥을 먹다가 고객 전화에 냅다 뛰어오기도, 잠깐 화장실 간 사이에 고객이 왔다가 닫혀 있는 문에 돌아가기도 했다.

어떤 날에는 그날 따라 놀러가고 싶어서 저녁 6시쯤 평소보다 조금 일찍 퇴근을 했는데 7시 반쯤 고객님께 전화가 왔다.

"어디 계세요? 제가 내일 퇴사를 하게 되어서 선물을 많이 사러 왔는데요."

하지만 나는 이미 공방과 정반대의 곳에 있어 당장 달려갈 수가 없었다. 그렇게 판매를 하지 못했다. 고객을 놓친 셈이다. 1인 자영업자가 자리를 비운다는 것은 매출을 포기하는 것이다. 그리고 그 매출을 포기하고서라도 누군가와의 약속에 나간다는 것은, 그 사람이 그만큼 정말 소중해서다.

장점 2. 인간관계에 스트레스를 받지 않는다

회사 생활이라는 게 참 쉽지만은 않다. 일이 힘들면 그나마 낫지, 사람이 힘들면 답도 없다. 물론, 좋은 분들도 많이 계시지만 보기 싫은 사람들이 있을 수도 있다. 당장에 꼴도 보기 싫어서 사직서를 내밀고 싶다가도 다음 달 카드값, 대출금 등의 이유를 생각하면 꾹 참을 수밖에 없다. 사람들이 모인 곳에서 항상 좋은 일만 일어나는 것은 아니다. 밥줄이 걸려 있으니 서로가 서로를 힘들게 하는 일이 생기는 것은 어쩔 수 없다.

혼자 창업을 하고 나니 사회에서의 인간관계인 상사, 동료 관계에서 해방되었다. 으레 회사에서는 이렇게 해야 한다는 소모적이고 비생산적인 감정노동에서 완전히 독립했다. 꼰대같은 상사, 여우같은 동료와 잘 지내려고 웃음 가면을 쓰고서 아등바등하며 속에도 없는 말을 할 필요가 없다. 너무 너무 너무 마음이 편하다. 1인 다역을 해야 하니 몸은 조금 힘들지언정, 마음 편한 것이 최고다. 오죽하면 '퇴사가 만병통치약'이라는 말도 있겠는가. (정말로 회사 다닐 때 늘 달고 살았던 신경성 위염, 장염이 퇴사 후 싹 사라졌다)

단점 2. 모든 것이 혼자, 외로울 때도 있다

회사에서는 직급에 따라 의사결정권이 다르다. 직급이 높을수록 많은 것들을 결정할 수 있는 힘이 있고, 그만큼의 책임도 크다. 각 부서별 전문가들이 회의를 하고 집단 지성의 힘을 발휘하여 운영되는 곳이 회사다.

하지만 창업을 하면 모든 의사결정을 혼자 해야 한다. 내가 모르는 분야도 있으니 맞는 방향인지 알 수도 없다. 그래서 맨 땅에 헤딩을 하게 된다. 이게 맞을까 저게 맞을까를 매일 고민한다. 해당 분야에 대한 경험치도 없는 초짜 사장이니 이것저것 시도해보는데, 오히려 시간 대비 비용적으로 손해인 것들도 있었다. 멋모르고 계약한 효과 없는 장기 광고 계약에 100만원 넘게 날리기도 했다. 모든 판단에 대한 책임도 다 내가 져야 한다.

나의 첫 공방이 위치한 곳은 회사 단지여서 근처에 구내식당이 많았다. 구내식당에서 점심을 일찍 먹고 12시 오픈 시간에 맞춰 출근하곤 했었다. 다들 사원증을 맨 채 동료들과 하하호호 웃으며 즐거운 식사 시간을 보내고 있는데 나는 그 속에서 혼자 밥을 먹었다. '나도 저렇게 동료들이랑 웃고 떠들면서 점심 먹던 때가 있었는데…' 하는 외로움이 피어오르기도 했다.

회사에서의 인간관계가 늘 힘든 것만은 아니었다. 동료들과 퇴근 후에 한강으로 가 야시장에서 맛있는 것을 먹기도 하고, 실내

클라이밍을 하러 가기도 했었다. 출근하자마자 회사 근처 단골 카페에 커피를 사러 가며 근황 토크를 하고, 당이 떨어지는 오후에는 탕비실에서 과자를 먹으며 밑도 끝도 없는 이야기로 웃음 에너지를 충전하기도 했었다.

공방에서의 하루는 적막할 때도 있다. "어서 오세요." 이 한마디조차 내뱉지 못하는 날도 있다. 손님이 하루 종일 한 명도 없고, 문의 전화도 없는 날이면 혼자만의 고독한 싸움이 시작된다. 괜스레 SNS에 접속해 다른 사람들은 어떻게 사나 보기도 하고, 친구들에게 톡이라도 보내어 마음의 허기를 달랜다. 사람은 역시 사회적 동물이라 하지 않았던가. 이런 외로움은 나에게는 단점으로 여겨졌다.

장점 3. 월급을 넘는 수익 가능성

좋아하는 일, 하고 싶은 일을 하는데 돈이 되지 않고 힘들기만 한다면 버틸 자신이 있는가.

'아직 젊으니 1년만 해보고 잘 되면 계속 하고, 안 되면 회사로 돌아가자' 하는 마음으로 시작한 공방이 1년 만에 월 1,000만원 이상의 매출을 달성하기까지 무수한 날들이 있었다.

얼마나 매출이 나느냐에 따라서 나의 가능성을 확인할 수 있다는 게 창업의 장점이다. 정말 작고 소중했던 월급. 매달 월급으로 받던 금액이 있었다 보니, 창업 초반에는 매출의 좋고 나쁨의 기준이 월급 금액이 됐다. (중소기업 기준이라 '라떼는 말이야…' 라고 할 만큼 낮은 월급이다)

2020년 8월에 오픈한 달부터 이미 매출은 월급을 넘어섰다. 오픈 전부터 미리 클래스 예약을 받아두었고, 회사 단지에 생긴 난데없는 소품샵에 찾아오는 손님들이 있었기 때문이다. 이후 점점 클래스와 주문이 많아지고, 12월 성수기를 만나면서 오픈 4개월 만에 매출이 아닌 순수익이 월급의 약 두 배가 됐다. '내가 이렇게나 돈을 벌 수 있는 사람이었어?' '월 수익이 이렇게나 된다고?' 라는 생각에 정말 감사했다. 물론 대기업이었으면 더 어린 나이에도 벌 수 있는 금액이었을지 모르지만, 나로서는 처음 쥐어보는 금액에 큰 감격이었다.

이후 매출이 오르락내리락하기도 했지만, 꾸준히 자격증반 수업과 원데이 클래스, 판매를 진행하면서 오픈 1년 여 만에 월 매출 1,000만원 이상을 찍게 되었다. 창업은 내가 어떻게 얼마나 하느냐에 따라 수익 가능성이 무궁무진하다.

단점 3. 불규칙한 수입

자영업자들은 누구나 공감할 만한 이야기인 불규칙한 수입. 매월마다 고정적인 월급을 받던 직장인이 하루아침에 마약같은 월급을 끊기란 쉽지 않은 용기가 필요한 일이다. 그래서 공방 오픈 초기에는 정기적인 적금을 들지 못했다. 당장 다음 달에 이 적금 금액이 없을 수도 있지 않을까 하는 생각 때문이었다. 얼마를 벌지 모른다는 불안감을 떨치기 위해, 미리 비축을 해두는 방법을 택했다. 별도의 비상금 계좌를 만들어, 정말 필요한 재료비와 매달 고정적인 공방 월세, 관리비, 여분의 내 생활비를 제외하고 남은 금액들은 다 넣어두는 것이다. 그리고 평소보다 조금 못 번 달이 있으면 그 계좌에서 금액을 빼서 충당했다. 그래서인지 전부 내 돈이 아니라는 생각이 들었고, 돈을 많이 벌었다고 해서 크게 기쁘지도, 못 벌었다고 해서 크게 실망하지도 않게 공방을 운영할 수 있었다.

장점 4. 업무 영역이 넓다

사람마다 다른데, "나는 딱 주어진 업무, 내 업무만 할 거야" 하시는 분들은 1인 창업을 하게 되면 아주 놀랄 수 있다. 혼자 모든 것을 다 해야 하기 때문이다. 청소부터 시작해서 쓰레기 버리기, 하수구 뚫기, 진열대 조립해서 달기, 수업, 디자인, 마케팅, 콘텐츠 기획 등 1인 다역을 해야 한다.

이렇게 일을 하는 것이 '젊어서 고생은 사서도 한다는데' 라고 생각하며, 한 사람으로서 내 인생에 젊은 날 소중한 경험이라고 생각한다. 경험을 통해 넓어지는 시야, 해본 것에 대한 두려움을 없앨 수 있는 것이야말로 넥스트 레벨을 쌓아가는 것이 아닐까.

직장인이던 시절, 평범해 보이는 일상을 이 악물고 버텨왔다. 광고 전공을 살려 온라인 마케터로 입사했지만, 마케팅 일만 하지는 않았다. 큰 화학회사의 인터넷 쇼핑몰 파트였는데, 신생 파트라 상사 1명에 직원 1명. 그 직원이 바로 갓 졸업한 따끈한 신입인 나였다. 혼자 제품 사진 촬영부터 상세페이지와 배너 디자인, 제품 업로드를 해야 했고 그 와중에 블로그와 SNS 콘텐츠를 운영했다. 거래처를 찾아 제품 소싱도 하면서 고객 문의 전화도 받고 택배 작업도 했다.

창업 직전, 광고회사에서 콘텐츠 에디터로 일 할 때는 콘텐츠 기획부터 촬영 현장까지 전반을 다 아울렀다. 블로그와 유튜브 담당 에디터여서 사진과 영상 콘텐츠를 기획했다. 촬영에 사용할 소품 구매부터 모델 섭외, 대본 작성, 촬영 현장 지휘, 편집 디렉션까지 나의 일이었다. 에디터라고 해서 가만히 앉아 글만 쓰는 건아니었다. 전복 촬영을 위해 새벽 3시에 서울에서 완도로 출장을 가기도 하고 요리 콘텐츠를 촬영할 때는 스튜디오에서 직접 요리도 했다. (회사에서 김장 해보신 분?)

중요한 것은 회사에 다니면서 내가 이 회사에서 더 배울 수 있는 것은 무엇일까를 늘 찾아왔다는 것이다. 이직을 할 때는 연봉

"겨울인데, 김장 한 번 해야죠?" 라는 광고주의 말 한마디에 진짜 김장을 하게 된 에디터 시절

이 조금 적더라도 내가 할 수 있는 일이 많을 것 같은 곳으로 선택해, 나만의 업무 역량과 성과들을 잘 쌓았다. 회사 일을 내 일처럼 진심으로 했기에, 회사에서 배운 경험들을 지금도 잘 써먹고 있다. 사내 직원 교육으로 마케팅, 외국어, 회계 등 원하는 분야의 온라인 수업을 듣게 해주었다. 그때 다양하게 수업을 들어둔 것이 모두 다 지금도 유용하게 쓰이고 있다.

"배움은 그 누구도 챙겨주지 않고, 내가 훔쳐 먹는 것이다."

백상예술대상에서 최우수 연기상을 받은 김태리 배우의 수상소감에 뼈저리게 공감했다. 회사에서의 배움은 돈도 받으면서 훔쳐 먹을 수 있으니 부지런히 챙기자.

단점 4. 아쉬운 퀄리티와 워라밸의 붕괴

광고회사에 다니면서 전문 편집자들이 만드는 화려한 영상들을 마주하다가, 정작 내가 만든 유튜브 영상을 보고 있자니 한숨이 절로 나왔다. 눈이 너무 높아진 탓일까. 그 퀄리티를 따라잡을 수는 없었다. 캔들 포장에 사용하는 로고 스티커를 만들 때나 상세페이지에 들어가는 배너를 만들 때도 그랬다. 도저히 전문 디자이너들이 만든 인쇄물과 웹 배너의 퀄리티를 내기에는 역부족이었다.

조금 더 나은 퀄리티를 내려고 시간을 들이느니, 캔들 연구와 수업 커리큘럼 구성에 더 신경을 쓰는 것이 효율적이라 생각하기도 했다. 디자인 전문가에게 외주로 맡기면 그만이지만, 내가 먼저 해보고 고객 반응을 본 후 맡기자 싶어서 최대한 직접 디자인하여 인쇄했다. (아직도 그 디자인을 쓰고 있다는 게 신기할 따름이지만, 전문 디자이너의 손길을 처음부터 받았다면 제품 브랜드로 성장했을까 하는 일말의 후회도 있다) 초기 공방 창업 비용을 낮추고자 내가 할 수 있는 데까지는 한 것이다.

혼자 다 하려고 하니 그만큼 바쁠 수밖에 없다. 회사 일은 나에게 맡겨진 일이지 진짜 내 일은 아니기 때문에 퇴근하면 땡(?)이다. 하지만 혼자 모든 일을 해야 하는 사장이 되면 퇴근해서도 집에서 할 수 있는 서류작업을 하고, 주말에도 일을 한다. 그만큼 사업을 성장시키고자 하는 열정이나 책임감이 크기 때문에 워라밸도 잊은 지 오래다.

가끔 내가 느슨해졌다고 생각될 때는 유튜브 〈장사의 신〉 채널에서 뼈를 맞는다. 이 채널은 폐업 직전의 잘 되지 않는 식당에 찾아가 문제점을 파악한 후 솔루션을 주고 개선해 나가는 채널이다. 정말 나였다면 눈물이 줄줄 흐를 것 같은 매운맛 잔소리지만, 사업하는데 워라밸을 찾냐고 하는 말씀이 귀에 쏙 박혔다.

그래도 가끔은 쉬어주자. 멀리 가기 위해서.

나에게 맞는 공방 업종 찾는 법

〈비라이트〉의 오픈 초기부터 성장 과정을 옆에서 지켜본 몇몇 친구들은 슬쩍 "나도 공방 한번 해볼까?" 이야기하기도 했다. 아예 캔들 공방 창업을 하겠다며 나에게서 캔들 자격증반 수업을 들은 친구들도 있다.

공방이라는 업종에 관심이 생겼다면, 우선 어떤 공방을 하느냐를 찾아야 한다. 이때 원데이 클래스나 취미 어플을 설치해 이것저것 살펴보는 게 좋다. 네이버 지도에 '공방'이라고 검색하면 굉장히 많은 공방이 나온다. 베이킹, 유리, 도자기, 떡, 비누, 미술, 요리 등등 각 분야별로 공방이 생각보다 정말 많다. 집 근처에도 알게 모르게 공방들이 있었다는 사실을 알면 깜짝 놀랄 수도 있다. 역시 관심이 있어야 눈에도 보이는 법이다.

이 중에서 평소에 내가 관심이 있었던 분야나, 해보고 싶었던 분야부터 원데이 클래스로 경험을 해보는 것이다. 예를 들어 베이킹 중에서도 마카롱에 정말 관심이 있다면 마카롱 만들기 원데이 클래스를 신청하여 꼬끄부터 크림까지 제작해보는 것이다. 같은 마카롱이라도 공방마다 커리큘럼이나 제작 방법이 다를 수도 있어서 다른 타입의 마카롱 수업 위주로 여러 공방을 돌아보는 것도 추천한다.

원데이 클래스는 체험에 초점이 맞추어져 있기 때문에 자세한 레시피나 방법을 알려주지는 않지만, 일련의 과정들을 경험해볼 수 있다. 이 과정들을 원데이 수업으로 해보고 내가 즐거워하는지, 소질이 보이는지를 판단해보는 것이 좋다. 투잡으로 시작한다면 이 재료와 도구들을 둘 공간이 있는지, 자리를 너무 많이 차지하는 것은 아닌지, 재료비가 너무 많이 들지는 않는지도 고려 대상이다.

나 역시도 워낙 이것저것 만드는 것을 좋아했기 때문에, 회사를 다니면서 연차를 내고 원데이 클래스를 다녔다. 라탄, 유리, 도자기, 비누, 가죽 등의 원데이 클래스를 다녔고 캔들도 원데이 클래스를 한 번 들어보고 자격증반 수업을 들었다. 다양한 종류의 원데이 클래스를 들었지만 아기자기하고 향기로운 캔들 원데이 수업이 조금 더 나에게 재미있었고, 원재료비 대비 클래스 금액이 높은 것을 보고 수익성도 좋겠다는 판단이 들었다. 캔들을 만드는 재료와 도구인 핫플레이트, 비커, 저울, 몰드, 왁스 등을 자취방 원룸 옷장 안에 넣어 보관할 수도 있을 만큼 공간 차지 비율도 낮겠다고 생각했다. (큰 오븐이나 냉장고, 머신 등이 필요한 아이템이 아니라서 더 좋았다)

또 원데이 클래스로 캔들을 만들어보니 너무 쉽거나 너무 어렵지도 않았다. 나에게 너무 쉬우면 단조로워질 수 있고, 너무 어려우면 하다가 절망하게 되는데 딱 적당한 수준으로 다가왔다.

그리고 자격증반을 수강할 공방을 선택할 때 이왕이면 원데이 클래스를 통해 선생님의 성향을 파악해본 후 선택하는 것도 추천한다. 공방에 직접 가보면 선생님의 수업 속도나 성격의 결, 능숙함 등을 볼 수 있다. 나의 공방에도 정말 그렇게 보러 오시는 분들이 많았다. 다들 원데이 클래스가 끝나갈 때쯤 슬쩍 "사실은…" 이러면서 이야기를 꺼내신다. 그렇게 자격증반이나 창업반을 등록하고 가는 분들도 계셨다. 나는 수강생님의 상황에 맞도록 상담을 해드린다.

공방의 업종은 정말 다양하니, 유행에 따르지 말고 최대한 여러 가지를 경험해본 후 본인이 가장 재미있게 오래할 수 있는 분야로 결정하기를 바란다.

공방 네이밍, 어떻게 할까?

내가 그의 이름을 불러주기 전에는

그는 다만

하나의 몸짓에 지나지 않았다.

내가 그의 이름을 불러주었을 때,

그는 나에게로 와서

꽃이 되었다.

김춘수의 시 〈꽃〉에서도 이야기하듯이, 이름을 부르는 것은 대단히 중요한 의미를 내포한다. 인생을 살면서 계속 부를 이름. 이름이란 다른 사람과 나를 구별할 수 있는 기호이며, 개개인의 특별한 의미를 담고 있다. 그 이름에 담긴 뜻대로 살길 바라며 우리의 이름도 짓지 않는가.

창업을 하기 위해서는 사업자등록을 해야 하는데, 이 사업자등록증에 과연 어떤 이름을 넣느냐가 가장 관건이다. 캔들의 경우 사업자등록증이 있어야 인증 검사를 받을 수 있어 최대한 빠르게 이름을 정해야 한다.

꼭 내 공방의 분야를 지칭하지 않아도 괜찮다. 영어 수식어에 본인 이름을 넣기도 하고 각종 예쁜 형용사에 센트(scent)를 붙이기도 한다. 내가 좋아하는 영화 대사의 글귀 속 단어, 노래 제목, 여행지 이름, 좋아하는 단어의 외국어 버전 등 다양하게 영감 소재들을 찾아보는 것을 추천한다. 그리고 최대한 믹스해보자!

처음부터 주 제품명이 들어가버리면 나중에 분야를 확장했을 때 맞지 않을 수 있으니, 되도록 '내 종목'은 들어가지 않으면 좋겠다. 그래서 나도 브랜드명을 '비라이트'라고만 지었다. 네이버 플레이스 등에 '비라이트 캔들&향수공방'이라고 올려둔 것은 고객들이 지도에서 공방을 검색했을 때 한눈에 알 수 있게 하기 위함이다.

"선생님은 왜 비라이트라고 이름을 지었어요?"

나는 자격증반 수업을 들을 때부터 상호명을 고민했다. 상호명을 지어야 빨리 SNS 계정과 포장에 들어갈 엽서, 스티커 등을 만들 수 있기 때문이었다. 처음엔 이탈리아어, 독일어, 스페인어 등 다양한 외국어 단어들을 찾았다. 예쁜, 아름다운, 향기로운, 영롱한 등등 공방과 어울릴 만한 단어가 뭐가 있을지 검색해보았다. 하지만 이내 비슷한 상호명들이 있는 걸 보고 마음을 접었다. 그렇게 시간이 흐르다, 번쩍! 영어 성경이 떠올랐다. '내가 나중에 창업을 하면 성경에 있는 단어로 상호명을 해야지~' 라고 생각했던 때가 떠오른 것이다. (크리스찬인 나에게 로망 같은 것이었다)

이번에는 성경에 나오는 위대한 인물, 지역, 명소 등의 영어 버전을 찾아보기 시작했다. 아무리 찾아도 캔들 공방과 어울리는 단어가 보이지 않았는데, 그때 창세기의 "빛이 있으라" 라는 구절이 떠올랐다. '캔들 = 빛' 이라는 생각에 그 구절을 펼쳤고, "Let there be light" 라는 구절에서 be light를 가져와 상호명으로 짓게 되었다. 이름 그대로 어둠이 가득한 세상에 빛이 되는 공방이 되고 싶고, 그 빛으로 사람들의 차가운 마음을 녹이는 공방이 되어야겠다 다짐했다.

상호명은 고객이 기억하기 쉽도록 4~5글자 이내가 좋을 것 같아 '비라이트'로만 했는데, 주변에서 다들 캔들과 연결도 잘 되고 쉬워

서 입에 착 붙는다는 이야기들을 해주었다. 네이밍은 최대한 쉽고 간결하게 짓는 것이 최고다. 여기서 중요한 점은 다른 업체와 동일한 이름이 있는지를 찾아보는 것이다. 비라이트는 검색해보았을 때 파티룸 스튜디오와 카페 이름으로 하나씩 있어서, 완전 다른 업종이니 괜찮을 거라 생각했다. 카페의 경우 Be Light이냐, B Light 이냐의 차이도 있어, 영문이 겹치지 않기도 한다.

비라이트로 캔들 공방을 운영하다, 2년차 후반쯤 '향기' 분야로 확장하고 싶어서 조향강사 자격증을 딴 후 향수 수업도 오픈했다. 비라이트에 향수도 같이 할까 하다가, 이미 비라이트 = 캔들인 것 같은데, 여기에 향수를 더하면 브랜드 분위기가 달라지지는 않을까 걱정이 됐다. 비라이트는 귀엽고 아기자기한 노랑색이라면, 향기 브랜드는 깨끗하고 깔끔한 화이트이고 싶었다.

그래서 향기 브랜드를 별도로 만들기로 하고, 기존의 Be:Light와 이어지도록 SCENT OF LIGHT 라는 이름으로 계정을 하나 더 만들었다. 예를 들어, 나는 ○○라는 음식점에서 식사를 했는데 카드명세서에는 다른 이름이 적혀 있는 것을 보았을 것이다. 그렇게 회사명이 명세서에 나오는 것이고, 브랜드명은 다를 수 있다.

비라이트의 경우, 회사명이 비라이트이니 명세서에는 '비라이트'라고 뜨지만, 운영하는 향기 브랜드명은 '센트오브라이트' 인 것이다.

이런 식으로 이미 사업자등록증이 있고 운영중인 업체가 있는 분들은 다른 브랜드명을 냈다고 해서 사업체를 또 하나 내는 것이 아니라 사업자등록증 상에 업종 추가를 해서도 공방을 오픈할 수 있다. 단, 네이버 스마트 플레이스에 등록할 때 사업자등록증으로 주소와 상호명을 확인하므로 별도의 서류 제출이 필요하거나, 해당 브랜드명으로 등록이 어려울 수 있으니 확인하자.

나는 어떤 공방을 만들까?
전체 컨셉, 동기와 목적, 목표 설정하기

'내가 공방을 한다면 이러이러한 공방을 만들고 싶어' 라는 생각이 있는가? 그 '이러이러한~' 에는 인테리어가 될 수도 있고, 고객들에게 줄 수 있는 어떤 혜택일 수도 있고, 매출금액 같은 목표가 될 수도 있다.

그게 어떠한 것이든, 처음 시작하는 공방이라면 전체적인 컨셉과 목적, 목표 등을 구체적으로 세워보는 시간이 필요하다.

그럼, 어떤 톤앤매너를 가져야 할까? 톤앤매너란 브랜드를 표현하는 태도(매너)와 어조(톤)를 말한다. 만약 나의 브랜드의 컨셉을 정했다면, 브랜드에서 운영하는 매체(블로그, 인스타, 유튜브 등)에는 그 브랜드에 맞는 색감들, 말투들이 묻어나야 한다. 만약 주요 타깃이 20대 초반이라면 신세대 용어는 기본으로 섭렵하며 그 세대 친구들이 좋아할 스타일의 제품을 만들어내고, 포스팅하는 콘텐츠의 말투부터가 그 세대여야 한다.

내가 세웠던 전체적인 컨셉은 노란색의 아기자기한 분위기였다. 클래스를 하든, 제품을 구매하든 공간이 주는 아늑하고 사랑스러운 분위기가 묻어나길 바랐다. 이 공방에서만큼은 힘든 일, 슬픈 일 다 잊고 만들기에 집중할 수 있도록 따뜻한 공방이 되어야겠다 생각했다. 그것의 가장 큰 첫 걸음은 나부터 따뜻한 사람이 되는 것이다. Be:Light 이름 그대로 내가 따뜻한 빛이 되어야 한다.

낮에 클래스를 오시는 분들께는 여기까지 오는데 멀지는 않으셨냐, 오기 전에 맛있는 거 드시고 오셨냐 등의 인사말을 건네고, 저녁에 클래스를 오시는 분들께는 오늘 하루는 어땠냐, 요즘 회사 일은 어떠냐 등의 말을 건넨다. '손님은 내가 이 시간만큼은 마음과 정성을 다해 섬길 사람이다' 생각하면 서비스 정신이 빠용빠용 발동된다. 자본주의적인 웃음이 아닌 진짜 마음을 다하는 웃음으로 대하면 진심은 통하게 되어 있다.

처음 봤지만 여태 알고 지낸 사람처럼 편안한 사람이 되고자 하는 것. 개인적이고 선을 넘는 질문을 하는 것이 아닌, 친구처럼 안부를 물으며 관심을 가져준다. 그러면, 마음을 열게 되고 개인적인 이야기를 털어놓기도 한다. 남자친구와 헤어진 이야기를 하면서 울고 가신 분도 계셨고, 회사에서 힘들었던 이야기를 하면 같이 공감해드리니 내 마음을 알아주어서 고맙다고 하신 분도 계셨다. 이 모든 것이 브랜드를 만들어가는 활동인 것이다.

한창 대학생 때 1년 정도 승무원 준비를 할 때는 나의 낮은 목소리가 콤플렉스였다. 또랑또랑하고 밝은 목소리를 가진 사람이 부러웠다. 하지만 지금은 수업할 때 조곤조곤 설명해주는 것 같다는 평을 많이 받아서 오히려 좋다. 내가 가진 특징을 브랜드의 톤으로 가져가는 것이다. 최대한 자신이 가진 특장점을 살려서, 공방을 운영해보면 어느새 '브랜드 = 나' 라는 공식이 세워질 것이다.

"어떤 공방을 만들까?" 라는 질문을 쉽게 생각하면 "어떤 사람이 될까?"의 과정인 것 같다. 공방의 브랜드를 만드는 것은 내가 원하는 캐릭터를 만드는 것과 같아서, '이런 얼굴과 이런 옷을 입고 이런 말투를 사용하고 이런 분위기를 풍길 거야' 라는 것을 계속 생각해서 운영해보자. 훨씬 일관된 톤앤매너를 유지할 수 있는 비결이라 생각한다.

(하나 비밀을 말하자면, 공방에 수업이 있는 날이면 편한 맨투맨이나 추리닝 바지 등을 입지 않고 무조건 풀 메이크업에 따뜻한 느낌의 원피스, 니트류를 입는 것도 이런 이미지를 만들기 위해 전부 계획된 것이라는 사실!)

내가 만들고 싶은 공방 컨셉 적어보기

컨셉 (분위기)	ex) 아기자기한, 화사한, 키치한, 서정적이, 깔끔한, 모던한 등
동기 (왜)	ex) 나 같은 직장인들이 클래스로 잠깐 쉬어가면서 편하게 고민거리들을 털어놓을 곳이었으면 좋겠다. 첫 창업이 막막한 사람들이 많을 테니, 내가 겪은 창업 과정을 알려주면 좋겠다.
목적 (무엇을)	ex) 상담학을 배워서 1:1 수업에 상담을 접목해 정서적 나눔을 위한 편안한 공간을 만들 것이다. 수공예가 배고픈 예술이 되지 않도록 수익화 라인을 발굴해 낼 것이다.
목표 (운영방식, 매출 등)	ex) 판매 쇼룸 운영, 판매 + 클래스 동시 운영, 전문가반 클래스 운영, 출강이나 대량 납품 위주 등 집중할 분야를 무엇으로 할까. 월 매출 300, 500, 1,000만원 등 높여가면서 달성하기

창업으로 내가 진짜 원하는 게 뭐야?
공방 운영으로 나만의 가치 찾기

　공방 창업이라는 것이 마냥 로망이라면, 잠깐 멈춰서 진지하게 생각을 해보자. 예쁜 앞치마 입고 창밖을 내다보며 커피 한 잔 하고, 좋아하는 음악을 들으며 제품을 만들며 하루가 지나가는 상상. 그것이 과연 진짜 공방의 현실일까?

　공방 창업은 나만의 가치를 꼭 찾아야 한다. 단순히 내 일을 해서 돈을 번다, 내가 사장이 된다, 하는 개념보다 한 단계 높은 가치를 찾아야 하는 것이다. 그렇지 않으면 당장 눈앞에 매출이 없고, 월세 내기도 빠듯할 때 버텨내기 어려울 수 있다.

　처음으로 돌아가 보자. 내가 대체 왜 창업을 하려는 걸까. 그것도 여러 가지 수많은 업종이 있는데 왜 하필 공방일까? 공방은 수공예 작업실만으로 사용할 수도 있지만, 수업을 진행하는 교육서비스 업종이기도 하다. 말 그대로 교육을 진행하는 서비스업이다. 나는 여기서 나만의 가치를 찾기로 했다. (물론 제품 제작에서 가치를 찾을 수도 있고, 판매에서 찾을 수도 있고, 주력으로 밀고 나갈 것에서 찾아보자)

비라이트에서 원데이 클래스를 함으로써 어두웠던 일상에 다시 빛이 들 듯이 기분 전환이 되고 즐거움을 얻게 된다면,

실직을 했거나 커리어를 바꾸고 싶어서 창업 아이템을 찾고 있었는데 비라이트에서 자격증반, 창업반을 들음으로써 인생 제2막을 시작할 수 있는 한 줄기 빛과 소망이 된다면,

나는 내 공방의 이름값을 한다고 생각했다.

그래서 내가 찾은 가치는 '캔들과 향수 수업을 통해 아깝지 않은 시간을 만들어드리는 것'이다. 나에게 온 고객은 나를 믿고, 본인에게 다시 오지 않을 시간을 투자한 것이다. 뭘 또 그렇게 과하게 생각하나 할 수 있지만, 나는 인생에서 그냥 흘러가는 시간은 없다고 생각한다. 누구에게나 주어진 이 하루 24시간을 이렇게 하면 가치 있고 알차게 쓸 수 있을지를 고민한다.

왜 아깝지 않은 시간이냐 하면, 예를 들어 어떤 재테크 강의를 들으러 갔다고 생각해보자. 10만원을 들여서 두 시간짜리 강의를 듣는 것이었다. 그런데 하나도 알맹이가 없고, 강사가 농담만 두 시간 동안 하다가 끝났다고 해보자. 그렇다면 화가 나지 않을 사람이 있을까? 그럴 경우 나는 그 강의료 10만원 보다 앉아 있었던

두 시간, 그 곳에 가기 위해 왔다갔다한 시간을 더 아까워하는 사람이다. 그 시간이면 다른 가치 있는 무언가를 할 수도 있었다. 그렇게 시간을 가장 소중히 여기는 사람으로서, 절대 다른 사람들의 시간 또한 허투루 쓰게 할 수 없었다.

　내 몸이 조금 힘들고 피곤할지라도 계속 돌아다니고 봐드리며 하나라도 더 재료를 추가하여 디테일을 챙겨드린다. 예쁘게 완성된 제품들을 보며 좋아하시는 수강생분들을 보면 모든 피로가 다 녹는 듯하다.
　말 그대로 서비스업이어서 웃고 싶지 않은 날에도, 마음이 힘든 날에도 웃어야 할 때가 있다. 이것을 힘들다 여기기보다는 오히려 좋은 쪽으로 생각하기로 했다. 억지로라도 수업 때 아무 일 없는 듯 한바탕 웃으며 수업을 하고 나면, 에너지를 내가 받기도 해서 기분이 한결 나아지기도 한다. 덕분에(?) 회사에 다닐 때보다 웃는 시간이 많아져서인지, 퇴사 후에 나를 만난 사람들은 얼굴이 많이 밝아졌다고 했다. (웃다 보니 없던 병도 낫는 기분이다!)

'돈만 잘 벌면 됐지 공방 운영 하는데 무슨 가치를 찾아?' 하는 분이 계시다면, '나의 가치관'에 대해 생각해보는 게 먼저일 수 있다는 말씀을 드리고 싶다. 내가 어떤 것에 주요한 가치를 두고 살아가는지, 어떤 것이 돈과도 바꿀 수 없을 만큼 소중한지 말이다. 돈은 시장 경제에 따라 오늘 번 10,000원이 하루아침에 그 가치가 1,000원이 되기도 한다. (물론 이렇게 극변하지는 않겠지만) 변하지 않을 나만의 가치를 내 안에서 찾아보자.

tvN 프로그램 〈유퀴즈온더블록〉에서 스탠퍼드대 부학장이신 폴 킴님 편을 본 적이 있다. '아이들에게 좋은 환경이 교육이란' 하는 내용이었는데, 그 중에서 가장 인상 깊었던 말은 "티칭이 아닌 코칭을 하라" 였다. 가르치기만 하는 것은 티칭이지만, 환경을 만들어주고 스스로 깨닫게 하는 것은 코칭이라는 것. 가르치기 시작하는 순간 수동적이 된다고 말이다. 나는 이 내용이 공방을 운영함에도 적용된다고 생각했다.

처음 캔들 전문가 과정을 시작하는 분들께는 기초부터 꼼꼼하게 알려드려야 하니 티칭이지만, 수업이 끝난 이후부터는 코칭이 시작된다. 이렇게 하면 무조건 잘된다는 공식이 있다기 보다, 스스로 헤쳐 나갈 때 옆에 같이 있어 주는 것. 그리고 옆에서 질문을 해주며 스스로 방향을 찾아갈 수 있게 하는 것. 그것이 나의 수업 운영 방식이다. 그리고 그것이 나에게는 공방을 운영할 수 있는 가치가 된다.

비라이트에서는 캔들 자격증반을 수강한 뒤 공방 창업까지 하신 분들이 꽤 계신다. 지방에 계신 분들도 서울에 오셔서 듣고 가기도 한다. 그렇게 수업을 들은 후 실제 창업을 하여 운영하고 계신 선생님들을 보면 정말 뿌듯하다. 온라인 판매 또는 공방 창업을 한 후, 중간중간 궁금하거나 막히는 부분이 있으면 연락이 오고, 서로 이야기하며 문제를 풀어가는 그 과정도 흥미진진하다.

가끔, 그렇게 자격증반 수업을 듣고 브랜드가 하나 더 생기면 경쟁이 치열해지는 것 아니냐는 질문도 받는다. 어쩌면 그렇게 생각할 수도 있지만, 나는 오히려 공예 시장의 파이가 더 커지는 것이라 생각한다. 파이를 크게 키워 더 많은 것을 나눌 수 있다. 경쟁자가 생기는 것이 아닌, 동료가 한 명 더 생기는 것에 대한 기쁨이 훨씬 크다. 나와 함께 이 길을 갈 동료!

투잡으로 공방 없이 창업하는 법

　비누나 화장품 같이 업종신고가 된 곳에서만 제작할 수 있는 제품을 제외하고 캔들, 라탄, 양모펠트, 뜨개질 등은 누구나 투잡으로 수공예 창업이 가능하다. 나 또한 자취방 주소로 사업자등록증을 냈고, 그렇게 캔들 판매를 먼저 시작했다.

　투잡으로 하려면 우선 사업자등록증을 낼 수 있어야 한다. 사업자등록증이 있어야 캔들은 인증 검사를 받을 수 있고, 춘장이나 플리마켓에 판매를 나갈 때에도 필요하다. 회사를 다니는 분들 중 근로계약서에 겸업이 엄격하게 금지되어 있다면 되도록 회사 규율을 따르자. 내가 다녔던 회사는 겸업이 가능해서 괜찮았다.

1. 홈공방

말 그대로 집에 공방을 차리는 것이다. 방 한 칸이나 안 쓰는 창고를 작업실로 하여, 필요한 재료와 도구들, 책상 하나 두고 시작하는 것이다. 이 방법은 실제로 많은 분들이 하고 계시며, 나도 집 원룸에서 그렇게 제작부터 시작했다. 홈공방으로 할 때의 장점은 공방 월세가 나가지 않는다는 것이지만 일과 삶의 분리가 어렵다는 단점이 있다.

어떤 분들은 클래스를 집에서 열기도 한다. 투룸을 빌려서 한 룸은 내가 먹고 자고 하는 공간으로, 한 룸은 클래스를 하는 것이다. 그래서 1인 남성은 클래스를 받지 않고 커플이나 여성분만 받는 방식으로 운영하기도 한다. 나도 자취를 하고 있으니 전세 계약이 끝나면 집을 옮겨서 이렇게 할까 생각했지만, 엄마가 어릴 때부터 나에게 말씀하셨던 것이 생각났다. "너는 친구가 집에 놀러 와야 치우는구나."

엉망진창 정리가 되지 않고 그 속에서 질서를 찾아 살아가는 나의 생활공간에 누군가가 방문한다 하면, 그야말로 대청소를 한다. '홈공방으로 만들면 어쩔 수 없이 집도 깨끗하게 치우고 살겠지?'라는 생각도 했으나, 정말 딱 보여지는 공간만 깨끗할 것이 뻔해서 그 생각은 접기로 했다.

나와 다른 성정을 가지신, 집이 깔끔한 분들은 집에서 시작하시는 것도 추천한다.(나는 재즈 피아노 레슨을 받으러 다닐 때 선생님 집으로 갔었다! 집이 피아노 학원인 경우다)

2. 플리마켓 나가기

지역 축제나 아트페어, 유명한 ~리단길에서는 플리마켓이 자주 열린다. 벼룩시장이라는 뜻을 가진 플리마켓(Flea Market)은 원래 바자회처럼 오래 되거나 잘 쓰지 않는 제품들을 가져와 중고 판매를 하는 장터를 의미했지만, 이제는 임시장터인 Free Market으로 조금 더 많이 사용되는 듯하다.

플리마켓의 장점은 누구나 셀러가 될 수 있다는 것. 캔들의 경우 생활화학제품신고를 완료했다는 안전기준 적합 확인 신고증명서를 화학제품관리시스템에서 발급받은 후, 플리마켓 주최측에 제출하면 참석이 가능하다. 플리마켓은 참가비(매대비, 입점료 등으로 불린다)의 유무도 다르고, 수수료의 퍼센트두 다 다르니 되도록이면 참가비가 없고 수수료가 낮은 곳을 잘 고르는 것이 최선이다.

주말마다 열리는 플리마켓을 미리 신청해두고, 여러 곳을 다니며 판매해보면 어떤 제품을 고객들이 찾고, 어떤 제품이 가장 인기가 많은지 현장에서 바로 느낄 수 있다. 다른 셀러들이 어떻게 판매하는지도 볼 수 있고, 다른 셀러들과 친해져서 오기도 한다.

최대한 사람이 많은 곳일수록 손님도 많은 법. 유동인구가 많이 몰리는 곳으로 가자.

　나의 첫 플리마켓은 홍대 연남동 길거리였다. 처음이다 보니 얼마나 가져가야 할지 몰라서 차도 없는 내가 라면박스 두 박스를 가득 채워서 택시를 타고 갔다. 마음속으로는 '아니 이렇게 가져가서 다 팔리고 오히려 없어서 못 팔면 어떡하지?' 라는 생각으로 갔으나, 실제로 딱 3개 판매하고 왔다. 그날 들어온 원데이 클래스 두 팀을 받지 못했고, 왔다갔다 택시비와 하루 종일 그 곳에 앉아 있었던 시간, 매대비, 남은 캔들 재고를 생각하면 정말 큰 손해였다. 그때는 2020년 10월, 코로나 때문에 사람들이 밖으로 나오지 않는 때여서 유동인구가 거의 없었다. 매대를 비우고 밥을 먹으러 갈 수가 없어서 점심, 저녁도 쫄쫄 굶었다.

　비라이트에서 캔들 창업반 수업을 들은 선생님 한 분은 직장인이신데, 주말마다 플리마켓에 나가 하루에 30~50만원씩 판매하고 온다고 했다. 선생님의 귀여운 강아지도 함께 데려 나가 마스코트 역할을 톡톡히 하고 있었다. 퇴근 후 평일에는 이번 주 플리마켓에 가져갈 캔들을 만들고, 주말에는 그 캔들을 판매하고 오는 것이다. (꼭 캔들뿐만 아니라 라탄이나 수제 액세서리, 레진공예 등 종류가 뭐든 상관 없다) 직장을 다니며 부업으로 매주 저 정도 금액을 번다는 것은 생각보다 꽤 쏠쏠하다. 즉, 공방이 없어도 부지런만 떨면 어떻게든 판매하고 운영을 해나갈 수 있다는 말이다.

더현대 팝업스토어   홍대 플리마켓

플리마켓 정보는 주로 네이버 카페 '문화상점'에서 보거나, '지역명+플리마켓'을 네이버에 검색해서 본다. 인스타그램에서 해시태그 검색으로 '플리마켓셀러모집'을 검색한 후 최근 게시물 탭을 눌러서 내가 참석하고 싶은 플리마켓을 찾기도 한다.

3. 출강 나가기

내가 만약 나중에 자식들을 다 키워서 시집장가 보내고 60대 정도가 되었다면, 오프라인 공방을 아예 접고 운영하지 않는다면, 이 수공예를 어떻게 이어 나갈까?를 생각했을 때, 나는 한 달에 몇 번 정도 출강을 다닐 것 같다.

(왼쪽부터 순서대로) 스타벅스 출강, 지멘스 출강, 명동 뷰티플레이 출강

출강은 내가 공방이 없더라도 재료와 도구를 현장에 가져가서 수업을 해주는 방식이라 충분히 가능하다. 출강으로 나가는 곳은 정말 다양한데, 기업, 복지관, 센터, 학교, 병원 등 부르시는 곳이 어디든 예산과 일정이 맞으면 간다. 출장 공방인 셈이다.

특히나 출강은 동시 수강 인원이 많아서 한 번에 목돈이 들어온다. 어쩌면 공방을 열어서 하루에 원데이 클래스 두 명 하는 것보다 하루에 출강 한 번 나갔다 오는 게 매출로써는 훨씬 이득이다. 출강의 경우 지원을 하는 방식이 아닌, 먼저 불러주시고 선택 받아야 갈 수 있다. 문의가 먼저 들어와야 갈 수 있는 기약 없는 기다림이 어렵다면, 기업이나 병원, 센터 등에 본인을 소개하는 자료를 만들어 보내보아도 좋다. 먼저 제안해보는 것이다. 내가 이러한 수업을 해드릴 수 있고, 이 수업은 어떤 장점이 있는지, 어떻게 유익이 될 것인지, 금액은 얼마인지 등을 먼저 제안하고, 연락이 오면 가는 것이다. 그리고 SNS에 출강을 다녀온 이야기들을 써두면, 또 그걸 보고 다른 곳에서 출강 문의가 오기도 한다. 기회는 어디서 뚝 떨어지는 것이 아니라, 직접 만들어가는 것이다.

4. 공방 쉐어

만약 내가 투잡이고, '어느 정도 내 제품이 판매가 된다. 그런데 당장 공방 창업은 어려울 것 같고 작업실이 필요하다. 혹은 잠깐 잠깐 주말에만 클래스를 열고 싶다' 하는 분들께는 장소 공유 플랫폼(ex. 스페이스 클라우드), 공간 쉐어, 샵인샵 형태를 추천한다.

스터디카페처럼 해당 공간을 시간제 금액을 내고 빌린 후 이용할 수 있는 방식이다. 고객에게 받는 클래스 비용에서 재료값과 공간대여료를 빼고 나면 순수익이 얼마 남지 않을 수 있지만, 초기에 키워가는 단계에서 경험이 중요하다고 생각하는 분들께는 충분히 좋은 방법이다.

나는 원룸에서 남동생과 함께 살 때, 캔들을 시작했다. 침대 옆에 식사를 할 때 쓰는 흰 접이식 식탁을 펴놓고, 그 위에 핫플레이트, 왁스, 몰드 등을 올려 캔들을 만들었다. 남동생은 향기 나는 것을 좋아하지 않아서 다른 데서 하라고 했고, 나는 낯선 서울 땅에서 갈 곳이 없었다. (게다가 6평 원룸은 남매가 같이 살기에도 너무 좁았다! 동생은 잠깐 서울에서 인턴 할 때만 있는다고 하더니 내가 내쫓기 전까지 8개월을 그렇게 같이 살았다)

처음부터 공방을 오픈할 생각은 없었고 부업으로 할 생각이었기에, 작업실이라도 찾아야 하나 싶었다. 그래서 퇴근 후에 작업실로 쓸 만한 매물을 보러 다니기도 했다. 당장 판매가 많이 되는 것도 아니고 무조건 잘된다는 보장도 없는데 덜컥 월에 몇 십 만 원씩 월세를 내는 곳을 구한다는 건 아무래도 부담이었다. 그래서 그때 한창 공방 쉐어 글을 많이 보면서 토요일에라도 클래스를 열어볼까, 책상 한 칸이라도 빌려서 작업실로 써볼까, 하는 생각들을 했었다. 그것을 실행에 옮기기도 전에 공방을 오픈하는 실행력이 더 컸다는 점이 함정이지만 말이다.

직장인인데 공방 창업에 관해 처음 고려하는 분들께는 절대 아무 경험이나 준비 없이 덜컥 퇴사하라고 하지 않는다. 매달 들어오는 월급이라도 있어야 제품의 판매나 클래스 문의가 없더라도 생계를 이어나갈 수 있다. 퇴근 후에, 주말에, 공방 사장님이라는 부캐를 가져보자.

공방 자리를 찾을 때 고려해야 할 것

"대체 어떤 자리가 공방하기에 좋은 자리일까요?" 라고 묻는 사람들이 꽤 많다. 후보지를 여러 개 이야기하며 장단점에 대해 주~욱 늘어놓는 사람들. "이 자리가 잘 될까요? 저 자리가 잘 될까요?" 라고 물으면 흡사 내가 앞을 내다볼 수 있는 능력을 가진 사람인 것 마냥 느껴지기도 한다.

그렇다면 나는 어떤 기준으로 매물을 정했을까?

4가지 기준으로 이야기해보고자 한다.

1. 내 공방의 주 타깃이 있는 위치

나의 첫 공방 자리는 가산디지털단지역 근처였다. 한창 회사 일에 치여 힘든 나날들을 보내고 있었는데, 네이버 카페 '문화상점'

에서 캔들 공방 인수 게시물을 본 친구가 여기 어떠냐며 링크를 보내준 것이 시작이었다. 그때까지만 해도 퇴사 생각은 없었고 투잡으로 캔들 판매를 하면 되지 않을까 생각했는데, 막상 공방 자리를 보고 나니 생각이 바뀌어 이리저리 다른 위치들도 알아보기 시작했다.

처음 공방을 오픈하려고 하면 위치가 가장 신경이 쓰일 것이다. 특히나 나는 서울에 연고지가 없는 부산 사람이기 때문에 어느 지역이 어떤 특성을 지니고 있는지를 파악하는 것이 먼저였다. 지리적 특성이 특별히 눈에 띄는 홍대나 연남동, 망원동은 워낙 공방이 많아서 첫 공방 자리로는 진입이 어렵겠다고 생각했다.

회사원들이 많은 강남이나 논현, 삼성역 근처는 월세가 어마무시하니 패스. 건대나 잠실 쪽도 생각했으나, 집에서 정반대 방향이라 일이 늦게 끝나면 도저히 집까지 올 엄두가 나지 않아 여기도 패스.

이 가산디지털단지역 근처에 위치한 공간은 ① 내가 살고 있는 집과 가깝고 ② 교통이 편리하고 ③ 직장인 타깃 이라는 3박자가 딱 떨어졌다. 내가 살고 있는 집에서 버스를 타면 환승 없이 한 번에 올 수 있는 곳이 가산이었다. 지하철도 1,7호선 2개가 지나가며 지하철역에서 평지로 직진 10분 거리에 있었다. 공방 앞에 버스정류장이 바로 있어서 지하철역에서 한 정거장만 타고 오기에도 좋고, 내가 집에 갈 때도 여기서 바로 버스를 타면 되어서 정말 편했다.

공방이지만 캔들과 각종 문구류들을 판매할 선물 가게로 운영할 목적이었고, 근처에 이런 가게가 전혀 없어서 독점 판매가 가능했다. 내가 직장인일 때 점심시간이나 퇴근 후에 편하게 들러 귀엽고 아기자기한 것을 구경하고 구매하는 것이 낙이었기에 여기 있는 직장인들에게도 그런 공간이 되어주고 싶었다. 그래, 이 자리로 결정!

비라이트의 첫 타깃 고객이 2030 직장인이었기에 가능한 생각이었다. 그리고 그 생각은 적중했다. 점심시간에 사원증을 걸고 삼삼오오 놀러오시는 분들도 있었고, 같은 건물의 사장님께서는 직원들 줄 생일 선물을 주문하고 가셨다. 갑작스럽게 알게 된 동료의 생일, 집들이, 퇴사 선물을 위해 캔들을 구매해 가셨고, 근처 회사에서 문화 회식으로 클래스를 오기도 했다.

오프라인 공방이나 매장 오픈을 준비하고 있다면, 나의 주 타깃이 누구이냐를 꼭 생각해보자. 초등학생 아이를 키우는 주부일 수도 있고, 아기자기한 것을 좋아하는 20대일 수도 있고, 퇴근 후 즐길거리를 찾는 30대일 수도 있다. 주요 소비 고객이 있는 위치로 내가 직접 가자!

2. 통장 속 잔액이 버틸 수 있는 월세

내가 생각하기에 적절한 상가 월세는 매출의 10%정도이다. 만약 월 매출이 1,000만원일 때 월세가 50만원이면 5%인 셈이니, 퍼센트가 작으면 작아질수록 순이익이 커진다. 당연히 월세는 적으면 적을수록 좋다. 첫 공방 오픈은 무조건 월세가 적은 곳에서 시작하는 것을 추천한다.

처음부터 잘 되면 정말 좋겠지만, 사실 냉혹한 현실은 월세와 관리비를 내고, 재료 사고 나면 빠듯했다. 무조건 나가야 하는 고정비인 60~70만원 정도의 월세와 관리비, 클래스나 판매를 위한 각종 재료비, 출근해서 먹는 점심과 저녁 식대 등 이것저것 하니 약 200만원 정도가 그냥 숨만 쉬어도 나갔다.

자리를 잡을 때까지는 매출이 나오지 않아도 꼬박꼬박 비용이 들어가므로 통장에 여비비를 충분히 준비해야 한다. 내가 세운 철칙은 ① 절대 퇴직금을 끌어다 쓰지 않는다. ② 대출을 받지 않는다. ③ 그 달 번 돈 내에서 생활한다. 였다.

이러한 철칙을 세운 이유는 이렇게라도 해야 이 악물고 버틸 수 있을 것 같아서였다. 그 달에 번 돈은 전부 사업비용으로 들어갔기에, 개인 소비는 거의 0에 수렴해야 했다. 그 길로 옷, 화장품, 신발 등 꾸밈비는 꿈도 꾸지 못했고 자취 식비는 더 줄였다.

오히려 사업을 시작한 초기는, 개인적으로 가장 초라한 시간이었다. 늘 챙기던 주변 지인들 생일에 한 번쯤은 눈 꼭 감고 지나가기도 했고, 경조사비용도 마음껏 내지 못했다. 밖에서 사먹는 돈이 아까워 친구들 모임에도 나가지 못하고, 시장에서 산 3팩에 5천원짜리 반찬과 즉석밥으로 일주일씩 버텼다. 옆에서 이를 딱하게 보던 남동생이 10만원을 용돈으로 보내주기도 했다.

그렇게 나는 버티고 또 버텼다. 월세가 만약 더 높았다면 더 이상 버티지 못했을 수도 있었다. 지금 생각하면 참 짠했던 시기지만, 그렇게 했기에 내가 세운 철칙을 여태 어기지 않고 운영할 수 있었다. 무조건 첫 시작은 작게 하자!

3. 주변 환경

아파트 임장을 가면 꼭 주변을 걸어보라고 권한다. 주변에 위치한 상가들, 이를 이용하는 고객층의 연령대를 보면 지역의 분위기가 보이기 때문이다.

나는 상가를 구할 때도 주변 환경을 많이 봤다. 늦게까지 혼자 있어도 위험하지는 않은지, 주변에 어떤 상가들이 많은지 등이다. 우선 첫 공방이었던 공간은 건물에 고객관리실이 있고, 경비하는 분이 24시간 상주했다. 주변에 카페가 많아 유동인구도 어느 정도 있고, 바로 옆 건물에 편의점이 있어서 택배를 보내기에도 용이했다. 완전히 역 바로 앞이 아니어서 오히려 좋았다. 고가도로를 올라가기 전, 도로 끝까지 걸어오면 있는 공간이라 조용히 수업을 할 수도 있었다.

공방을 이전하며 숙대입구 쪽으로 선택한 이유도 여러 가지가 있지만, 가장 결정적인 것은 주변 환경이었다. 자격증반 수업을 듣기 위해 지방에서도 많이 올라오시기에, 서울역과 가까운 남영역 근처 매물을 보러 갔다가 부동산 공인중개사분의 소개로 현재 후암동 공간을 알게 됐다.

제일 끌렸던 이유는 역에서 걸어오면서 남산이 한눈에 보이고, 위쪽으로 올라가면 핫플레이스가 즐비한 해방촌이어서였다. 걸어갈 수 있는 근처에는 줄을 서서 먹는 유명한 카페도 있고, 심지어 같은 건물에는 유명한 쇼핑몰의 쇼룸 겸 사무실도 있다.

주변이 어떤 상권으로 자리가 잡혀 있느냐에 따라 나도 같이 성장할 수 있다. 겉으로 보기에는 유동인구가 없는 도로변의 건물로 보일지라도 핫플레이스에 가기 전, 후로 클래스를 하고 갈 수 있도록 곁들임 마케팅전을 펼칠 수 있으니 훨씬 이득이다.

4. 건물 내부 구성

주변 환경을 체크했다면 이제 건물 내부를 확인해야 할 차례. 기존 공방의 계약이 7월로 만료라서 5월부터 수업이 없는 날이면 틈나는 대로 매물을 보러 다녔다. 어느 지역으로 갈지는 정하지 않고 서울 전체의 월세 100만원 내 상가 매물 중에서 지하를 제외한 공간으로 봤다.

이제는 내 브랜드의 팬이 많이 생겼고, 매장 판매를 하지 않을 터여서 몇 층으로 올라가든 상관이 없었다. 매장 판매가 아닌 클래스만 운영한다면 정말 8층이든 10층이든 아무 상관이 없다.

그렇기에 엘리베이터가 있는 것이 중요했다. '엘리베이터? 당연한 것 아니야?' 라고 생각했다면 오산이다. 생각보다 엘리베이터 없는 건물이 정말로 많다. (내가 찾아본 을지로, 신대방, 익선동, 시청 쪽은 오래된 건물이 많아서일 수도 있다)

현재 내가 있는 공간은 2층인데 엘리베이터가 있다는 게 크게 작용했다. 기본적으로 캔들의 왁스나 향료, 유리 용기들이 너무 무겁기 때문에 여자 혼자 25kg 이상의 짐을 들고 올라올 자신이 없었다. (5층인데 엘리베이터가 없는 곳도 있었다. 옛날 사람들은 대체 어떻게 살았던 거야…? 강한 자만 살아남던 그 시절…) 출강을 나갈 때나 대량 납품으로 몇 박스가 나갈 때는 한 짐을 가득 갖고 내려가야 하는데, 그걸 다 들고 계단을 이용할 수는 없었다.

그리고 다음은 주차공간. 이것도 마찬가지로 주차가 안 되는 건물도 정말 많다. (다음 공간을 찾으며 첫 공간이 정말 좋았다는 것을 뼈저리게 느꼈다) 가산디지털단지에 있을 때 원데이 클래스 수업을 오시는 분들께 "어디서 오셨어요?"라고 물으면 남양주, 분당,

인천, 강남 등등 정말 다양한 곳에서 오셨다. 내가 진행하는 원데이 클래스를 듣기 위해 멀리서 차를 몰고 처음 와보는 가산까지도 오는 것이다. 그렇기에 주차 공간이 무조건 필요했다.

고객들이 문의를 할 때 많이 확인하시는 게 바로 "주차 되나요?"다. 클래스를 듣고 싶어서 멀리에서 오시는데 주차 공간이 없으면 고객이 주차비를 부담하고 근처 유료 주차장에 주차를 하거나, 대중교통을 타고 오거나 해야 한다. 이렇게 불편함을 감수하면서까지 오시는 고객들도 있지만, 최대한 고객의 불편함을 낮추는 것이 사장의 역할 아닌가. 주차 공간이 없다면 근처 공영주차장에 월 계약이라도 해서 주차 공간을 제공할 생각이었는데, 다행히 월 일정 요금을 별도로 내면 주차가 가능한 매물을 얻게 되어 마음 편히 주차 지정석을 얻을 수 있었다. 이마저도 감사한 게 나는 자차가 없고, 고객들이 잠깐 대고 가는 거라고 하니 빈자리에 댈 수 있게 해주셔서 월 주차비도 나가지 않고 주차장을 쓸 수 있게 되었다. (수업 도중에 차를 옮겨주러 나가야 할 때도 있지만 말이다)

그리고 또 하나 놓칠 수 없는 것이 건물 내부 화장실이다. 웃자고 하는 이야기지만 "화장실이 어디에요?" 물었을 때 "건물 나가서서 오른쪽으로 돌아서 첫 번째 있는 건물 1.5층에 있어요" 라는 대답과 함께 귀여운 인형이 매달린 화장실 키를 받아본 적이 누구나 있을 것이다. 화장실을 직접 찾아야 하는 번거로움이 있는 데다,

그런 곳은 또 깨끗하지도 않아서 무섭기까지 하다. 그래서 건물 내부에 화장실이 있고, 깨끗하게 관리가 되는지를 확인했다.

첫 번째 공간도, 지금 있는 공간도 관리비 안에 청소비가 포함되어 있어 한 번도 내가 화장실을 청소해본 적이 없다. 아니면 휴지부터 곰팡이와 냄새까지 전부 직접 신경 써야 하기에 이것도 일이 확실히 줄어든 셈이다. 그 외 기타로 체크할 것은 업종마다 다르겠지만 내부에 수도 시설이 있는지, 허가 업종이 가능한지, 최대 전기 사용량은 얼마까지 나오는지, 콘센트 위치는 어디인지 등 필요 여부에 따라 달라진다.

마지막으로 생각할 것은, 딱 공간을 봤을 때 인테리어 각이 잡히느냐이다. 두 번째 공방을 구할 때 수많은 매물을 보면서 마음에 들지 않는 곳은 '음…' '응…?' 이라는 의문과 왠지 모를 의구심이 많이 들었는데, 마음에 드는 매물을 보니 '인테리어를 이렇게 이렇게 하면 되겠다' 하는 생각이 바로 들었다. 이것은 감각의 역할이지만, 그만큼 나에게 맞는 매물이 어딘가에는 있다는 것이다.

인테리어를 웬만하면 거의 안 하고 들어가는 게 초기 비용을 아끼는 방법이지만, 정 해야 한다면 공간 분리를 위한 가벽 설치와 페인팅 시공 정도 만으로도 충분히 깔끔한 공간을 찾는 것이 좋다. 월세를 아끼겠다고 허름한 곳으로 간다면, 인테리어 비용이 오히려 더 많이 들 수도 있다. 냉난방기 설치비도 꽤나 비싼 항목 중 하나이기에, 권리금을 조금 주더라도 기본 세팅이 되어 있는 곳이면 좋다. 또, 저렴한 월세 대신 관리비가 너무 높지는 않은지 살펴보아야 한다. (건물주는 월세 임차 소득에 대한 세금을 내야 하고, 관리비는 세금을 내지 않기 때문에 임차 소득을 줄이고 별도 소득을 높이기 위한 꼼수 공간들도 많다)

자, 그럼 이제껏 이야기한 항목들을 하나씩 체크해가며 나만의 공간을 찾아 떠나보자! 어딘가에 나에게 꼭 맞는 공간이 있을 것이 분명하다. 그런 곳을 발견했다면, 정말 시작인 셈이다.

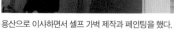
용산으로 이사하면서 셀프 가벽 제작과 페인팅을 했다.

오프라인 공방 창업 체크리스트

주 타깃 고객 설정	ex) 예측 가능한 가상 인물 구체적으로 적기. 잠깐이라도 아무 생각을 하고 싶지 않은, 회사 일에 지쳐 '나'를 잃어가는 듯한 30대 직장인 여성
매물 금액대 설정	ex) 현재 내가 감당 가능한 보증금, 월세, 권리금
주변 환경	ex) 기차역 근처, 초중고 학교 근처, 관광지, 카페 상권, 옷 가게 상권 등
내부 구성	ex) 엘리베이터, 주차, 화장실, 수도, 냉난방 시설, 경비원 상주 유무, 허가업종 가능 등

공방 인테리어에 숨겨진 브랜딩의 비밀

공방에 놀러온 내 친구들은 다들 이렇게 이야기한다. "참 너다운 공간이다." 그 말인 즉슨, 나의 취향이, 나의 분위기가 이 공방과 잘 어울린다는 뜻이리라. 나를 잘 아는 사람들의 인정이라니 이보다 더 할 나위가 있을까.

오프라인 공방을 오픈하면 제일 걱정되는 것이 인테리어다. 어떻게 인테리어를 하느냐에 따라서 컨셉과 분위기가 정말 달라지기 때문이다. 나의 첫 공간이었던 가산디지털단지에 위치한 공방은 기존에 캔들 공방이었다. 퇴근 후 저녁에만 공방을 열어 투잡으로 원데이 클래스를 하시던 아주 대단한 선생님이 경영한 곳이었다. 하지만 4개월 만에 다른 일로 공방을 접어야 했고, 급히 내놓은 자리에 내가 들어가게 되어서 기본적으로 테이블, 진열장, 커튼 등이 있었고, 선생님께서는 몸만 떠나셨기 때문에 각종 재료, 몰드 등이 나에게 더 생겼다. 물론 그것에 따른 권리금을 드렸지만 충분히 첫 시작에서 고민거리가 많이 줄어든 셈이다.

처음부터 너무 인테리어에 공을 들이다 보면 아예 오픈이 늦어지겠다 싶었다. 스타트업에서 린(lyn) 타입의 업무 방식을 적용하듯, 우선 처음에는 필수적인 것만 갖춰 빠르게 시작하고 점점 고쳐 나가자는 생각으로 기본에 집중하기로 했다. 불필요한 군더더기는 빼내되, 있는 것 자체를 최대한 활용한 공방 인테리어가 좋겠다고 생각했다. 그래야 초기 비용도 줄일 수 있기 때문이다.

"(공간의) 색상이 조화롭게 보일 때의 비율은 70(기본 색상) : 25(보조색상) : 5(주제 색상)이다."

-《좋아 보이는 것들의 비밀》, 이랑주

브랜드 컬러를 노란색으로 잡았기 때문에 노란색 깅엄체크 커튼은 그대로 유지하고 내 스타일인 우드, 화이트, 식물을 저절히 조합하기 시작했다. 화이트를 기본 색상으로, 보조색상으로는 밝은 우드톤, 그리고 주제 색상인 옐로우는 커튼과 소품으로 곳곳에 드러나게 한 것이다.

핀터레스트를 뒤져 인테리어 레퍼런스를 모으고 매일 인테리어 소품 사이트를 돌아보며 장바구니에 담았다. 하지만 이내 '어차피 매대에는 캔들이 진열될 거라 소품이 너무 많으면 번잡스러워 보

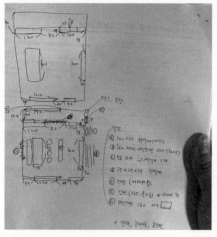

나의 첫 공방 가산 매장의 인테리어를 구상하며 메모했던 내용

그후 가산 매장의 모습

가산 매장의 브랜드 컬러는 노란색으로 잡고, 우드, 화이트와 식물을 적절히 조합했다.

이겠다'는 생각이 들었다. 상품인 캔들에 집중이 되지 않기 때문에, 캔들 진열용 소품과 포토존에 곁들이는 정도만으로 나 자신과 합의를 봤다. 그래도 다행히 기존 인테리어가 우드, 화이트 톤이라 그 색에만 맞추면 되었다.

클래스만 운영할 것이 아닌, 매장 판매도 같이 할 거라 캔들을 진열할 매대 공간이 필요했다. 공방 벽을 줄자로 사이즈를 잰 후, 전체 도면을 그리기 시작했다. 그리고 사야 할 것들을 리스트업한 후 출퇴근 시간에 지하철 안에서 찾아보고 구매했다.

종합병원 홍보팀에서 일하며 매번 줄자로 표찰 사이즈를 재고 안내 시트 제작을 했던 때가 떠올랐다. 병원 곳곳에 붙어 있는 장소 안내 표찰, 진료과 표찰 그리고 유리문의 반투명 음각 시트지까지 모든 디자인 발주를 담당하면서 전체적인 공간 브랜딩 일을 했었다. 고객의 눈에 띄는 모든 안내판과 손에 쥐어지는 작은 안내물까지도 재디자인하여 세세히 신경을 썼다. 병원에 들어서는 순간부터 나갈 때까지 눈에 들어오는 병원 곳곳의 전체 색감을 통일하고 해당 병원만의 분위기를 만들어 드렸었다.

그때의 경험을 살려 전체 매대 색감은 화이트로 가되, 중간중간 우드와 식물을 배치해 따뜻한 느낌을 주기로 했다. 우선, 네이버와 오늘의 집 어플을 활용해 공간 사이즈에 맞는 선반들을 찾아보았다. 상단 벽 선반이 하단 선반장 사이즈와 가로 너비가 비슷해야 위 아래로 통일감을 줄 수 있기 때문에 비슷한 사이즈를 찾느라 밤낮으로 손품을 팔았다. 결국 이케아에서 찾았고, 직접 조립 후 드릴로 벽을 뚫어 달았다. 얇은 가벽이어서 쉽게 달 수 있었다.

클래스 공간과 판매 매대 사이는 공간 분리도 할 겸 사다리 선반을 구매해 조립했다. 책장과 벽선반 사이의 벽 공간이 비어서, 타공판을 구매하여 달았다. 선반을 고를 때에도 색감이 중요했기에 전부 화이트와 베이지 우드로 선택했다. 책상 뒤로 상자들과 재료들이 너저분하게 나와 있는 것이 싫어서 다이소에서 장난감 수납함 같은 큰 수납박스를 12개 사다가 몰드, 유리용기, 왁스, 소재료 등을 나눠 담고 이름표를 붙여두었다.

용산으로 이사한 후에는 기존 가구들을 그대로 사용하되 넓어진 공간을 채울 수 있는 콘솔과 주방가구를 주문했다. 이 또한 기존 가구와 잘 어우러지도록 화이트와 밝은 우드톤으로 골랐다.

공방 인테리어는 분위기도 중요하지만 제품을 제작한 후 사진을 촬영하는 포토존으로 사용할 수도 있게 꾸미는 것이 좋다. 스토어에 제품을 업로드 하기 위해 사진 촬영을 할 때 내 공방에서 촬영할 수 있으면 스튜디오 대관료를 줄일 수 있기 때문이다. 또, 클래스가 끝난 후 고객님이 만든 제품을 예쁘게 사진 찍어 드리면 고객님이 후기를 남길 때 그 사진을 쓰거나 블로그에 올리기도 하고, 인스타그램에 올릴수도 있다. 이것이 진정한 바이럴 마케팅

가산 매장의 시그니처 거울이자 인기 많았던 셀카존   이사 후 전신 거울을 두어 단체 사진도 찍을 수 있게 했다.

콘솔과 주방가구의 색감도 화이트와 밝은 우드톤으로 골랐다.

효과를 만들고 또 다른 고객을 불러온다. (사진이 너무 마음에 든다며 프로필 사진으로 변경하신 분도 계셨다!)

제프 굿비(Jeff Goodby)는 "브랜드는 놀이동산이어야 하고, 제품은 놀이동산의 기념품이어야 한다."라고 했다. 이 말에 적극적으로 공감하고 적용하려 했다. 내 공방이 놀이동산이 될 수 있는 방법이 뭘까를 고민하다 '비주얼적으로 즐거움을 느끼게 해주자'라는 생각이 먼저 들었다. 예쁘고 귀여운 것은 남녀노소 불문하고 언제나 사람의 마음을 열기가 쉽다. 광고학개론에 나오는 광고 모델 성공의 법칙처럼, 3B(Baby, Beauty, Beast)가 광고에 들어갈 때 사람들의 이목을 끌 수 있다.

공방 문을 열면서 고객들은 하나같이 "우와!" 또는 "귀여워~"를 연발하신다. 비주얼적으로 합격인 셈이다. 전체적인 디피를 본 후 인테리어 맥락 안에서 구매할 수 있도록 진열을 해두고 캔들 향기도 직접 맡아보게 하여 소비자 체험 효용을 높인다. 그런 후에 구매 목적에 따라 캔들을 추천해드리며 구매에 조금 더 가까워지도록 한다.

공방 인테리어가 마냥 나 좋자고, 사진 예쁘게 찍자고 하는 것이 아니다. 전부 소비자 심리와 브랜딩적 요소를 탄탄하게 설계하여 짜놓은 마케팅의 연장선이다.

용산 공간은
클래스 위주로 운영하고 있다.

공방과 선물가게(소품샵) 동시 운영 방법

　나의 첫 공방은 클래스와 매장 판매를 같이 운영하는 형태였다. 처음부터 소품샵과 캔들 클래스를 같이 할 생각이었다. 가장 큰 이유는 수입원의 다각화였고, 클래스가 없을 때는 매장 판매 수입이 있어 매출에 요긴하게 작용했다. 워낙 소품샵 구경 다니는 것을 좋아하고 주변에 선물하는 것도 좋아해 직접 고른 소품들로 선물가게를 열고 싶기도 했다.

　이렇게 공방과 소품샵을 함께 운영할 때의 장점은 여러 가지 모양의 알록달록한 캔들들이 진열되어 있어, 인테리어 부담이 적다. 단순한 화이트 선반에 주르륵 올리기만 해도 인테리어의 완성이 되어 별도 인테리어 비용이 들지 않았다. 또한 고객이 클래스를 왔을 때 볼 수 있는 샘플이 되기도 하고, 클래스를 듣고 추가로 바로 구매도 해가는 경우가 있어서 추가 매출의 기회도 되었다.

특히 캔들만 판매한 것이 아닌, 캔들과 함께 두면 좋을 촛대, 홀더, 받침대 등 인테리어 소품을 함께 판매했기에 훨씬 객단가를 높일 수 있었다. 또, 엽서나 스티커, 마스킹테이프, 스크런치 등 캔들과 함께 선물할 수 있는 귀여운 문구류도 판매했는데, 선물을 사러 왔다가 엽서도 사가시는 분들이 많았다. 공방에서 편지를 쓰면 함께 포장을 해드렸다. 캔들과 상관없는 문구류를 함께 둔 이유는 근처가 전부 회사 단지인데, 사무실에서 쓰는 이런 아기자기한 문구류를 판매하는 곳이 한 군데도 없었기 때문이다. 지극히 개인적인 나의 취향이지만, 사무실에서 내가 좋아하는 메모지, 스티커, 펜을 쓰면 괜히 기분이 좋아지는 이러한 감성을 반영했고, 그 결과 근처 직장인들의 니즈를 충족시킬 수 있어 매달 판매가 잘 되었다.

공방에 오시는 분들은 "이런 문구류나 액세서리도 직접 만드신 거예요?"라고 물어보기도 했다. (왠지 다 내가 만들 것 같다고…^^) 촛대, 홀더, 받침대 등은 사입으로 판매했고, 캔들을 제외한 문구류는 작가님들이 따로 있다고 말씀드리며 작가님 SNS 계정을 소

공방과 함께 운영한 소품샵 코너

개해드렸다. 그렇다면 이 작가님들은 어떻게 모집했을까?

소품샵 작가 모집 방법

내가 모집했던 방식은 인스타그램에 모집 글을 업로드한 것이다. 나도 처음 캔들을 소품샵에 입점할 때 #소품샵입점 #소품샵작가모집 이런 해시태그를 검색해서 최신 게시글 순으로 나열한 후 계정에 들어가 소품샵 분위기, 입점 방법 등을 살펴봤었다.

그와 똑같이 이제는 내가 모집하는 입장에서 작가 모집 글을 업로드했다.

소품샵 모집 글

모집 글 내용에 들어갈 것

1. 모집하는 제품 군

캔들, 석고방향제, 디퓨저는 나의 공방에서 클래스로 진행중이고 캔들은 판매 중이니 겹치지 않기 위해 따로 작가님을 모집하지는 않았다. 그 외에 디자인 제품, 문구류, 패브릭 등을 모집했다. 실제로 비즈반지, 파우치, 텀블러, 컵 받침대 등 다양한 제품군이 입점하여 판매했다. 입점하자마자 판매가 잘 되어 계속 재발주를 한 작가님 제품들도 있지만, 판매가 아예 일어나지 않은 제품들도 있어서 소비자의 수요가 없는 것으로 판단하여 최소 입점 기간만 채우고 퇴점하기도 했다.

2. 위치&고객층

나의 소품샵이 위치한 곳인 가산과 2030대 주요 고객층에 대해서도 함께 업로드했다. 내가 소품샵에 입점할 때 고려했던 것이 과연 어떤 고객층들이 주로 오는 공간인가여서, 이 점이 작가님들의 입점 신청 선택에도 큰 영향이 있으리라 생각했기 때문이다.

1층이어서 접근이 용이하며 주변 직장인들의 점심시간, 퇴근시간에 들러 구매할 수 있다는 점을 어필했다.

3. 입점 신청 방법

- 간단한 브랜드 소개
- 작가님 성함 / 연락처
- 제품을 볼 수 있는 SNS 링크 혹은 입점 제안서
- 제품 별 판매 단가
- 사업자 등록증 (간이/일반 여부 파악)
- 입점처 유무 (입점처들을 보면 작가의 활동 적극성, 의지력을 볼 수 있고, 근처 여러 소품샵에 있으면 겹치지 않도록 했다)

이렇게 해서 메일로 기한을 정해두고 입점 신청을 받았고, 메일로 보내온 입점 신청서들을 보면서 나의 공방 분위기와도 어울리는 제품일지, 주변 고객층에게 수요가 있을 법한 제품인지를 골라냈다. 주로 사무실에서 사용하거나 가볍게 다이어리 꾸미기를 할 때 사용할 수 있는 제품군들이 있었고, 2030 여성 고객들의 취향에 맞는 제품들이었다. 공간이 크지 않아 몇몇 작가님만 입점해야 함이 아쉬웠지만, 그래도 고르고 고른 작가님 제품이라 나도 마음이 많이 갔다.

입점 조건으로는 월 3만원의 입점비와 수수료 25~30%, 최소 입점기간은 3개월이었으며, 공방 클래스와 판매가 안정기에 접어들었을 즈음에는 월 입점비 제외, 수수료만 받는 조건으로 모집했다.

따로 바코드 포스기가 없었기에 판매될 때마다 작가명, 제품명을 따로 작성해두고, 작가별 입고 리스트를 엑셀파일로 만들어 월 마감을 했다. 판매된 제품, 수량, 매출, 수수료를 제외한 정산금까지 입력되어 있는 파일을 매달 말에 작가님들께 메일로 보냈고, 입금 해드리고 현금영수증을 발행 받는 것으로 정산했다.

하지만 단점도 있다. 공간이 나뉘어져 있지 않은 공방에서 수업 도중에 구매를 하러 들어오시면 수업을 하다 말고 응대를 해드려야 한다. 이미 수업 중에 들어온 손님이니 이것저것 묻기도 눈치 보이고, 수업 듣는 사람들은 선생님이 갑자기 다른 일을 하니 흐름이 깨지기도 했다. 나는 두 손님들 모두에게 죄송하다 죄송하다 할 수밖에 없었다. 이 모든 것을 서로 잘 배려해주신 고객님들 덕분에 잘 운영해올 수 있었다. 단 한 명도 이것에 불만을 이야기하신 분들이 없었고 아직까지도 정말 감사할 따름이다. 그래서 매장 판매와 클래스를 함께 하실 분들이라면 클래스 공간은 따로 가벽이라도 쳐서 공간을 나눠두는 것이 좋으며, 아예 클래스 중에는 커튼을 쳐서 닫아두는 것도 방편이라 생각한다.

자격증반, 창업반 수업을 들으시는 선생님들께서는 오히려 내가 매장 판매를 할 때 어떻게 응대하고, 어떻게 포장하고, 결제까지 받는지 일련의 과정들을 바로 볼 수 있어 좋다고 하시기도 했다. 이런 모습을 어디서 잘 볼 수 있는 것이 아니다 보니, 경험하면서 익히는 건데 직접 생생하게 볼 수 있으니 좋은 경험이라고 말이다. 아무래도 전부 천사들만 오신 것 같았다.

또 하나는, 팔리지 않는 재고 부담이다. 수량을 1~2개씩, 종류를 다양하게 다품종 소량생산으로 판매하다 보니 어떤 제품은 금방 팔려서 재고가 없고, 어떤 제품은 팔리지 않아 계속 오랫동안 그 자리를 지키게 된다. 그렇게 팔리지 않는 제품들은 그대로 재고로 남게 된다. 캔들이 상하는 제품은 아니지만, 오래 두면 색이 바래거나 향이 날아가서 이런 제품들은 무료 나눔으로 공방 앞에 내놓기도 했다.

또 재고 부담을 안고 싶지 않아서 조금만 만들어뒀는데, 갑자기 방문한 고객님이 이 제품만 10개 넘게 구매하고 싶다고 하시기도 했다. 여러 개는 미리 주문을 해주셔야 제작해드린다 하면, 당장 내일 선물로 필요해서 사러 왔는데 안 되겠다며 돌아가는 경우도 있었다. 이렇게 수량이 맞지 않으면 아예 고객을 놓치기도 한다.

공방을 오픈할 때부터 판매와 클래스 중 하나만 주력하는 것도 좋지만, 오픈 초반에는 고객들의 반응도 살펴볼 겸, 최대한 두 가지를 겸해보고 결정하는 것을 추천하고 싶다. 그래서 어떤 제품이 고객들에게 반응이 좋은지, 왜 좋은지, 판매 매출이 좋은지 클래스 매출이 좋은지, 어떻게 알고 찾아오는지 등 자신만의 데이터들을 쌓아두면 실질적으로 공방의 방향성을 정하는 데 도움이 되리라 확신한다.

소품샵 투어 시 확인해야 할 것

공방과 소품샵을 함께 운영하기 위해, 방방곡곡 소품샵 투어를 했다. 서울에서는 경리단길, 망리단길, 송리단길 등 각종 리단길은 다 다녔으며, 심지어 제주도까지 가서 제주도 소품샵을 돌며 여행을 하고 오기도 했다.

소품샵 투어를 한 이유는, '나의 사업 모델이 이미 운영 중인데 안 가볼 이유가 있는가?'이다. 이미 오프라인에 나와 있고, 아무나 가서 구경할 수 있는 곳이니 직접 가보고 경험해보는 게 배움이 될 것이라 생각했다. 그렇다면, 나는 가서 무엇을 확인했을까?

1. 동선과 진열 방식

사람들이 어떻게 들어와서 어떻게 나가는지가 궁금했다. 보통의 모든 소품샵은 원룸 형태이므로 'ㄷ'자 형태로 둘러보거나, 가운데 매대와 벽쪽으로 매대를 둘러서 전체적으로 돌아보고 나오는 타입이 가장 많았다. 너무 동선이 꼬여 있으면 구경하기도 힘들었고, 특히나 좁은 소품샵은 사람끼리 부딪치거나 밖에서 기다렸다 들어가기도 했다. 문을 어떻게 열고 들어가는 것이 편한지, 구경하기에 알맞은 매대의 높이는 어느 정도인지, 손이 닿아서 물건이 상하지는 않는지 등을 직접 경험해보았다. 제품 섹션은 어떻게 나누었는지, 어떤 제품과 어떤 제품을 가까이 두었는지에 따라서도 함께 구매할 가능성이 있기에 유의 깊게 봤다.

또 하나 본 것은 가격표를 어떻게 붙여두었는지이다. 실에 스티커를 붙여서 실을 제품에 걸어둔 곳도 있었고, 쇼케이스나 메모꽂이 스탠드에 종이를 끼워서 표시해둔 곳도 있었다. 스티커에 조그맣게 붙여두거나, 블록 조립 타입으로 되어 있는 곳도 있었다. 가격을 어떻게 표시해두는지도 소품샵의 감성에 큰 영향을 미친다고 생각하기에, 이 점도 유의미하게 본 것이다.

2. 주요 구매 물품들

그리고 나서는 한쪽 구석에 서서 사람들이 어떤 것들을 주로 관심 있게 구경하는지, 어떤 것들을 구매하는지를 살펴봤다. 소품샵마다 분위기가 다르다보니, 스티커나 집게핀이 많이 팔리는 곳도 있었고, 어떤 곳은 봉제 인형, 어떤 곳은 접시류, 어떤 곳은 인테리어 소품들이 잘 팔렸다. 인테리어와 처음 컨셉을 어떻게 구성하느냐에 따라 구매 물품도 달라지겠구나 라는 생각을 했다. 그 분위기와 맞는 제품들을 구비해놓는 것이 구색을 맞추기에도 좋을 것 같았다.

3. 가격대

전반적으로 어느 정도의 가격에서 판매를 하는지도 궁금했다. 주로 스티커나 엽서 같은 문구류는 1,000~2,500원 정도였고 포스터나 다꾸용 스티커팩은 5,000원부터 10,000원이 넘는 제품들도 꽤 있었다. 컵앤소서나 접시류는 2~3만원대 정도였고, 그외 캔들, 방향제 등은 1만원대가 가장 많았다. 너무 저렴하게 판매하는 것은 아닌지, 또 너무 비싸게 판매하는 것은 아닌지를 짚어보는 재미가 있었다. 내가 소품샵을 한다면 어느 정도의 가격대에서 구매하게 할까를 정해볼 수도 있었다.

4. 계산 시스템

제주도의 한 소품샵에서는 사장님이 직접 운영하는 캔들샵이어서 아날로그 계산기로 두드리고, 그 계산기에서 나온 영수증을 감성 있게 붙여주셨다. 소품샵에서의 결제는 카드 리더기가 따로 있거나 포스기에서 결제했다. 삼성페이나 카카오페이, 제로페이도 다 되었다. 나는 포스기를 두지는 못해서 고객님들이 제품을 구매할 때마다 사진을 찍어 두었다가 일일이 제품 이름과 금액을 따로 적어두고 정산을 했다. (202n년대에 이렇게 아날로그 식으로 일을 하는 게 맞나 싶었지만, 재고가 틀린 적은 없다)

5. 포장방식

소품샵을 직접 가보는 이유는 소품샵마다 구매 제품의 포장방식도 다 다르기 때문이다. 그냥 비닐에 넣어주는지, 종이백에 넣어주는지, 종이백에 넣어서 리본을 묶어주는지, 스티커를 붙여주는지 도장을 찍어주는지 등등 아이디어를 가득 배워올 수 있는 경험이다. 그래서 소품샵에 들어가서 마음에 드는 제품 하나씩을 사보는 편이다. 물론 예쁘니까 갖고 싶어서 구매하는 것도 있지만, 그와 더불어 포장해주는 방법을 보는 것은 배움의 덤이다. 나는 어떻게 포장을 해드리면 좋을까, 이 종이백 재질과 사이즈는 무엇일까, 색감을 다른 색으로 사볼까 등등 여러 가지를 고민할 수 있는 시간이다.

6. 서비스

인사는 어떻게 하는지, 응대는 어떻게 하는지, 고객에게 어떤 말을 하는지도 경험할 수 있다. 워낙 많은 사람들이 들락날락하는 곳은 인사도 하지 않고 구매할 때 눈 한 번 마주치지 않는 곳도 있었다. 일에 찌든 듯한 초점 없는 동공으로 인상을 푹푹 쓰며 빨리 사고 가라는 눈치를 마구 주는 곳도 있다. 반면에 어떤 곳은 밝게 인사도 해주고, 제품 설명도 자세히 해주고 오히려 설명하면서 본인이 더 즐거워하는 곳도 있다. 이런 곳에서는 하나라도 더 사고 싶어지는 게 사람의 마음. 그렇게 단골이 되겠다 싶었다.

단순히 제품을 한데 모아두고 판매하는 곳이 아닌, 즐겁게 놀다 갈 수 있는 곳을 만들어야지, 보는 것만으로도 재미있고 갖고 싶어지는 그런 공간을 만들어야지, 하면서 소품샵 투어를 통해 꿈꿀 수 있었다.

"역시 현장이지 말입니다." - 드라마 〈미생〉 한석율

창업 후 멘탈 관리법 3가지

2020년 2월, 전 세계를 강타한 코로나 바이러스는 우리 삶의 방식을 많이 바꿔놓았다. 다른 무엇보다 건강함이 감사함이 되는 시기, 회사가 문을 닫아 어쩔 수 없이 직장을 잃은 사람들도 생겼고, 일하는 방식이 전부 온라인화되면서 출퇴근의 경계가 사라지기도 했다.

〈비라이트〉는 한창 코로나 시국이었던 2020년 8월에 오픈했다. 3월부터 본격적인 준비에 돌입했고 7월에 공방 계약, 인테리어, 회사 인수인계를 마친 후 7월 31일에 퇴사하여 8월 1일에 오픈을 한 것이다.

퇴사하기 전, 회사에 그만둔다고 이야기를 했을 때 다들 걱정했다. "이 시국에 자영업자들 문 많이 닫는다는데 괜찮겠어?" "이 시국에 자발적으로 퇴사를 한다고?" 등등 "이 시국에~" 로 시작하는 걱정 어린 이야기들이 쏟아져나왔다. 막상 오픈하고 보니 각종 네이버 카페에 공방 폐업소식들이 많이 올라오는 게 보여서 정말 사실이긴 했다. 클래스가 들어오거나 캔들 판매가 된 날은 기분이 좋다가도, 아무런 연락 하나 없이 방문자도 하나 없는 공방에 혼자 덩그러니 앉아 있다 보면 이게 뭐하는 짓인가 하고 눈물이 괜스레 주르륵 흐르는 날도 많았다.

그렇게 버티고 버티며 만든 나만의 멘탈 관리법을 3가지로 나누어보려고 한다.

1. 다른 업체 SNS 보지 않기

물론, 다른 공방의 SNS를 보면서 참고를 하기도 하고 레퍼런스를 쌓기도 하며 시야를 넓히는 것은 좋다. 하지만 자꾸 보다 보면 마음이 허할 때가 있다.

어떤 공방에서는 가득 쌓여 있는 택배 박스 사진을 올리고는 "오늘 이만큼 출고되어요~" "이거 몇 배로 나가고 있어요" 등등 판매가 잘 되는 모습들을 보여준다. 어떤 공방에서는 월 초인데도 이미 "이 달 클래스 전체 마감입니다." "클래스 여석 1, 이후 다음 달부터 예약 가능!" 등 클래스가 전부 꽉 찼단다. 이게 정말 사실일 수도 있고, 아니면 마케팅을 위한 가짜일 수도 있다. 클래스는 정말 소수만 받고 마감하는 곳도 있다.

진짜인지 가짜인지 구별할 수 없는 이런 글과 사진들을 보다 보면 현타가 아주 세게 온다. 급 자아성찰 모드가 발동하며 '내가 이걸 왜 하고 있나' '나에게 이게 안 맞는 건가' '내가 이러려고 퇴사했나' '아, 월급 받을 때가 좋았는데…' 등등 별의별 생각이 다 든다. 그러다가 '나는 사업 체질이 아닌가 보다' 하면서 공방을 내놓고, 계약 기간도 못 채운 채 돈 날리고 시간 날리고 아픈 마음 붙잡고 나오는 것이다.

이런 마음가짐으로는 절대 1년 이상 사업을 운영할 수 없다. 회사에서의 경쟁이 동료들과의 승진 경쟁이었다면, 사업은 세상과의 무한 경쟁이라 하지 않았던가. 캔들은 이미 레드오션 시장인데다가, 내가 공방을 오픈 했을 때는 코로나가 심해 사람들이 밖에 잘 나오지 않는 때였다. 애초에 전쟁터다 생각하고, 하나님을 의지하여 적군을 향해 달리며 담을 뛰어 넘자는 단단한 마음가짐으로 출근했다.

내가 가장 조심한 건 '비교 의식'이었다. 절대적인 기준은 없고 상대적이겠지만, 나보다 더 나아 보이면 사람인지라 왠지 모르게 질투가 생기기 마련이다. 내 마음 안에 부정적인 색안경을 이미 껴버리면, 같은 내용인데도 부정적인 시선으로 왜곡해서 볼 수도 있다고 생각한다.

그래서 그런 마음이 조금이라도 들면 SNS에 들어가서 다른 계정은 아예 보지 않는다. 그 시간에 내 콘텐츠를 하나라도 더 퀄리티 좋게 업로드하는 것에 집중한다. 다른 공방 선생님들과 댓글을 주고받으며 소통하는 것도 좋지만, 우선적인 고객은 일반 소비자층이다. 어떻게 하면 일반 고객층들이 내 공방에 와서 원데이 수업을 등록할지, 어떻게 하면 나의 제품을 구매할지에 대해서 조금 더 고민을 하는 것이 생산적이다.

이런 것으로 현타가 온 선생님들이 계시다면, 혹은 '내가 잘할 수 있을까?' 하는 고민부터 드는 분들이 계시다면 걱정 마시라. 나도 똑같이 그런 시절이 있었고, 지금도 현재진행형이다. 이 상황을 어떻게 이겨 나가느냐에 따라 공방을 계속하냐 마냐가 결정된다. 그래서 '버티는 자가 이기는 자다. 강한 자가 살아남는 게 아니라 살아남는 자가 강한 자다'라는 생각으로 멘탈을 관리하며 버텼다. 매출이 잘 안 나올 때도 있다. 하지만 그것에 아랑곳하지 않고 어떻게 하면 매출을 올릴 수 있을까를 고민하는 것이 먼저다. 비교는 어제의 나 자신과만 하는 걸로 하자!

2. 사업 일지 쓰기

나는 열여덟 살 때부터 남모를 고민, 나의 하루들을 일기장에 적어두곤 했다. 이 일기는 지금까지 10년 넘게 매일 쓰고 있다. 하루가 그냥 흘러가는 것이 아닌, 기록으로 남겨두고 쌓아두고 싶었기 때문이다. 게다가 글에는 치유의 힘이 있어서, 글로 쓰면서 감정을 풀기도 하고, 생각을 정리하고, 상황에서 조금 떨어져서 객관적으로 볼 수 있는 시야가 생겼다. MBTI에서 파워 J를 담당하는 나는, 고3때, 대학생때도 To do List를 매주, 한 달 등으로 미리 작성했다. 고3때는 내가 작정한 분량의 공부를 끝마치지 않으면 독서실에서 일어나지 않았다.(하지만 성적은 왜…) 대학생때도 각종 공모전, 대외활동, 봉사활동, 토익 시험 등으로 일기장이 빼곡했다.

회사에 들어가서는 근무 일지를 꼭 써야 했다. 매일 무엇을 했는지 보고하기 위함이었으나 나는 이미 이런 훈련이 되어 있어서 굉장히 익숙했다. 특히나 콘텐츠를 미리 촬영하고 업로드해야 하는 광고회사 일의 특성상 한 달을 앞서서 계획하고 살았다. 그러다 보니 자연스레 공방을 창업하고 업무용 다이어리가 꼭 필요했다.

개인용으로 쓰는 다이어리는 따로 집에 있고, 사업용 다이어리는 공방에 두고 공방과 관련된 내용들만 작성한다. 사업 일지로는 일력으로 되어 있는 다이어리를 선호하는 편인데, 하루하루 넘기면서 사용하기 편해서이다. (요즘은 일주일을 한눈에 볼 수 있는 다이어리를 쓰는데, 주간 업무가 한눈에 보여서 이것도 추천한다) 출근을 하면 제일 먼저 오늘 날짜에 오늘의 할 일을 쭉 써두고 일을 하다가, 퇴근하기 전에는 밑 부분에 오늘 하루를 마무리하며 느낀 점이나 나의 부족했던 점에 대해 쓴다. 할 일을 쓰는 데 그치면 안 되고, 이 일을 했나 안 했나 체크하는 것이 중요하다. 스퀘어를 깨는 게임을 하듯이, 하나씩 처리해 나가면 시간을 알차게 쓸 수 있다. 이렇게 해야 할 일을 체크하면서 일 하는 습관을 들이면, 사소한 것도 놓치지 않을 수 있고 괜히 허튼 생각을 할 새도 없다. 오히려 나 자신이 대견하고 뿌듯하기까지 하다.

오픈한 지 9개월차였던 5월. 5월은 어버이날과 스승의 날이 있어 크리스마스 다음으로 큰 시즌이다. 시즌을 준비해 카네이션 캔들을 가득 만들어두었는데, 생각보다 매장에 오는 고객이 없어서 애가 탔다. 급하게 전단지를 만들어, 근처 가산디지털단지역 에스컬레이터 앞에 앞치마를 입고 서서 아침 8~9시 출근하는 직장인들에게 전단지를 나눠주었다.

그때 쓴 일기장을 보면 "생각보다 매출이 안 나와서 전단지를 돌리러 갔다. 다들 안 받으려고 해서 속상했다. 부끄러웠다. 다른 카페에도 커피 사면서 이것(전단지) 좀 둘 수 있냐고 해서 두고 왔다. 내가 이런 일을 할 줄이야." 라고 써놓았다.

인생 처음이었다. 간절한 마음에 전단지도 직접 돌리며 살아남기 위해 발버둥을 친 셈이다. 온라인 시대에 오프라인에서 전단지를 돌린다는 건 효과를 측정할 수도 없는, 버려지는 휴지 조각일 수 있지만, 그만큼 뭐라도 해야겠다는 간절함이었다. 내 밥줄인데 매출이 안 나오면 안 되니까.

사업 일지에 그날 그날 일하면서 든 생각이나 감정들을 같이 써 두면, 그 속에서 새로운 아이디어가 피어오르기도 한다. 또 나의 부족한 점이나 보완해야 할 점도 보인다. 이때 핵심은, '나는 이게 부족하니까 안 돼' 라는 생각보다는 그 점을 어떻게 보완할 것인가에 대한 해결책을 같이 적어두는 것이다.

예를 들어 내가 디자인(로고, 스티커, 엽서 등)을 못하는 것 같으면 아예 예쁘게 디자인된 기성품을 구매하거나, 잘 하는 인쇄 디자이너를 구해서 외주를 맡기거나, 디자인을 연습하거나 해야 한다. 디자인 툴을 다루지 못하면 오전에 짬을 내서라도 배우면 된다. '디자인 툴 배우는 학원 등록하기' 이런 구체적인 해결책을 쓰고 실천해야 한다. 주변에서 나에게 "유튜브를 시작하겠다"고 얘기해놓고는 아직도 채널을 만들지 않은 분들이 많다. 시작에 대한 어려움이 있을 터인데, 이럴 때는 또 편집하는 것을 배우러 간다거나 유튜브로 편집법 하루에 1~2편 보고 따라하기, 간단한 브이로그 한 편 만들어보기 등의 해결책을 같이 써 두자. 이것이 사업 일지를 쓰는 목적이고, 목표를 설정한 후 계획을 세워야 하루하루 발전시킬 수 있다.

나는 시작의 허들을 낮춰서 가벼운 성공들을 쌓으며 성취감으로 멘탈을 관리했다.

3. 일과 삶 분리하기

공방을 오픈한 초기에는 공방을 빨리 정착시켜야 한다는 생각에 정말 밤낮없이 일에 매달렸다. 월요일부터 토요일까지 꽉 채워서 공방에 출근했고, 유일한 휴무날인 주일에도 교회에 가기 전과 다녀온 저녁에는 노트북으로 일을 했다. 그러다 보니 당연히 지칠 수밖에 없었다.

공방에서도 일을 하고 집에 와서도 일을 하니, 나의 개인적인 시간도 없고 어느 순간 '내가 왜 이러고 있을까?' 라는 생각이 문득 들었다. 친구들을 만나도 머릿속에는 일 생각 밖에 없고, 친구들이랑 이야기를 해도 내가 지금 공방에서 무슨 일을 하고 있는지, 앞으로 공방은 어떻게 운영할 건지 등 일 애기 밖에 안 하는 나 자신을 발견했다. 새로움이 없고 나의 시야와 세계가 좁아진 느낌이라 이런 내 자신이 싫어지기까지 했다.

특단의 조치가 필요했다. 집에는 일을 가져가지 않는 것으로 나 자신과 약속했다. 캔들을 만드는 물리적인 일은 당연히 공방에서 해야 하는 것이지만, 그것 외에 디자인이나 스토어에 제품 업로드, 파생 신고, 교재 제작 같은 일은 노트북만 있으면 어디서든 할 수 있는 일이다. 그래서 이런 일들을 집에서 새벽까지 하다 자곤 했었는데, 이제는 그러지 않고 공방 운영 시간 내에 할 수 있는 일까지만 하고 집으로 노트북을 가져오지 않는다.

집에 오면 의식적으로 하는 나만의 나이트 루틴을 만들었다. 따뜻한 차 한 잔을 마시며 일과 관련 없는 책도 읽고 피아노도 치고 일기도 쓰고 그림도 그리고 스트레칭도 한다. 자체적으로 일에서 벗어나 환기를 시켜주는 것이다. 아무 생각 없이 할 수 있는 일을 집에서 하고, 공방에서는 일이 많으면 일찍 출근을 하고 늦게 퇴근을 하는 한이 있더라도 "무조건 일과 관련된 건 공방에서 하자"라고 정했다.

공방 운영시간 이외에는 네이버 스마트 플레이스의 자동 ARS 응답 기능과 카카오톡 채널의 자동응답 메시지를 활용했다. 이렇게 하고 나니까 나의 생활 패턴, 생각의 흐름들이 자리를 잡아가고 질서가 잡히는 느낌이었다. 오전에는 운동도 하고, 저녁에는 남편과 저녁도 만들어 먹고 영화도 보며 일이 전부인 삶이 아니라 '나'의 인생을 살아가기 시작했다.

할 일은 많은데 나의 개인시간을 만들겠다며 잠을 줄여가며 '미라클 모닝'을 하기도 했다. 아무리 생각해도 새벽 5시 반에 일어나는 것 자체가 미라클인데, 그때는 일어나서 온라인 새벽 예배를 드리기도 하고 차도 마시고 책도 읽고 했었지만 잘 안 맞는 것 같아 그만뒀다. 개인 시간을 만드는 것은 필요하지만, 자신에게 맞는 시간대를 정하는 것이 좋다. 그 시간은 단순히 일차적인 쾌락을 즐기며 소비하는 것보다, 나만의 힐링 방법으로 내면을 다질 수 있는 시간으로 만들자.

"나는 홈 공방이어서 분리가 안 된다" 하는 분들도 있을 것이다. 나도 처음 직장인일 때 투잡으로 판매만 했을 때는 자취방 원룸에서 시작했다. 아침에 눈을 뜨면 눈앞에 핫플레이트와 왁스들이 나뒹굴고 있어서 분리가 정말 힘들었다. (그 와중에 그 원룸에서 남동생과 같이 살고 있었다) 그래도 그때는 회사를 다닐 때여서 회사에서 본업을 하는 시간과 집에서 캔들 만드는 시간으로 분리가 되어서 괜찮았다. 이렇게 분리가 힘든 분들은 안 쓰는 방이나 창고를 작업실로 바꾼다거나, 공간 분리 커튼, 박스, 행거, 선반 등으로 나눠서라도 일과 삶을 나누는 것을 추천한다.

그래서 일하는 공간에서는 최선을 다하되, 내가 편하게 쉬어야 할 곳에서는 OFF 버튼을 누르길 바란다.

돈을 부르는
실전 공방 마케팅

어느 날, 같은 건물에 있는 회사에 다니시는 아저씨 한 분이
공방으로 슬그머니 들어오셨다.
한 번씩 담배를 피러 내려오셔서는, 멀찍이서
통유리로 되어 있는 나의 공방을 자주 지켜보는 분이었다.
그 분은 진심으로 궁금한 표정으로 물었다.
"여기 장사 잘 돼요? 역에서도 멀리 구석진 곳에 있고,
뭐 안 하는 것 같은데 이 (코로나)시국에 계속 버틸 수 있어요?"
'얼마나 궁금하셨으면, 이 아기자기한 분위기를 뚫고
문을 여셨을까' 라는 생각에 빙긋이 웃으며
"저는 괜찮아요!"라고 답해드렸다.

5평이라는 작은 공간에서 누가
월 1,000만원을 번다고 생각이나 할까.
그렇다면 어떻게 이런 매출을 만들었는지,
공방의 전체적인 수익구조와 구체적인 사항을
하나씩 살펴보고자 한다.

> ## 5평짜리 공방에서
> ## 월 1000만원 버는 방법

온라인 판매

온라인 쇼핑몰에 제품을 업로드해서 판매하는 방식이다. 자사몰(카페24, 아임웹, 고도몰 등을 이용)을 만들 수도 있고, 가장 쉽게는 스마트스토어에 업로드하는 방법이 있다. 플랫폼을 이용할 수도 있는데 오늘의 집, 솜씨당, 아이디어스, 에이블리, 브랜디 등 수공예 제품을 판매할 수 있는 곳에 제품을 업로드하면 판매할 수 있다. 오픈마켓에 입점하는 방법도 있는데, 쿠팡이나 11번가, 옥션, 위메프 등 접근성이나 고객 유입이 높은 곳에 제품을 업로드해두면 된다.

온라인 클래스

나는 아이디어스에서 온라인 클래스를 진행하는 작가이기도 하다. 수강생이 온라인 클래스를 구매한 후, 수업을 들으면 수강 시간에 따라서 정산되는 프로세스다. 언택트 시대 답게 내가 직접 줌(Zoom)수업도 진행하는데, 자격증반, 인증 파생 신고 수업이나 조색 수업 등을 온라인으로도 진행하고 있다.

오프라인 판매

공방을 상시 오픈하여 오프라인 매장으로 이용하는 방법이다. 매장에서 고객이 제품을 고르면 그 자리에서 바로 포장을 해주는 방식으로 운영할 수 있다. 이외에도 전국에 있는 소품샵에 나의 제품을 입점시켜서 고객이 제품을 직접 보고 구매할 수 있는 루트를 만들었다. 이외에도 제작한 캔들을 갖고 나가서 플리마켓과 팝업스토어에 참가하여 판매하는 방법도 있다.

오프라인 클래스

원데이, 취미반, 창업반, 자격증반 수업을 진행하며 얻는 수입이 있다. 매달 이 수업들이 시간대별로 꽉꽉 들어차서 미리 예약

하지 않으면 자리가 없어서 못 받는 경우도 있었다. 심도 깊고 다양한 제품 기법을 배우는 전문반(창업, 자격증반)은 동시간에 1:1~1:2로 진행하며, 원데이 체험의 경우는 동시 열 명까지 수업을 하고 있다. 이외에도 외부 출강을 나가기도 한다. 각종 기업, 복지관, 교회, 병원 등에서 직원 워크샵, 문화의 날, 복지 차 불러주시면 재료를 직접 들고 가서 클래스를 해드리는 것이다. 외부 출강을 나가면 15~30명 등 대규모로 클래스를 진행하므로 작은 공방에서 클래스를 하는 것보다 인원의 한계가 없다.

이외에도 낱개 판매도 좋지만, 돌이나 결혼 답례품, 브랜드 콜라보, DIY 세트 납품 등은 대량으로 나가는 것들이라 금액 단위가 크다. 또 해외 고객의 판매 요청도 있었어서, 나의 캔들을 지구 반대편에 있는 고객에게도 대량으로 보냈다. 매장을 소품샵으로 운영하며 문구류나 액세서리 등의 판매 금액의 일정 부분 수수료도 매출로 측정했다.

공방은 예술이 아니라 사업이다. 사업은 수익이 나야 계속 굴러갈 수 있다. 돈을 벌지 못하면 살아남을 수가 없다. 그래서 나의 제품으로 어떻게 수익화할 것인지를 면밀히 고민해야 한다. 공방뿐만 아니라 다른 굿즈나 제품들이어도 충분히 수익구조는 만들 수 있다. 아무리 레드오션이라 할지라도 살아남는 자는 결국 살아남는다.

매장 규모가 작더라도 그 안에 있는 나는 충분히 클 수 있다. 지금 여기 있는 나를 한정 짓지 말고, 온라인이든 오프라인이든 내가 잘 할 수 있는 분야는 어떤 것인지 파악한 후 하나씩 적어보자. 나의 살 길은 내가 스스로 찾아야 한다!

온라인 판매 루트

제품을 최대한 온라인상에 많이 올려두는 게 방법이라 생각한다. 어떻게든 나의 제품이 보일 수 있도록 다양한 그물을 넓게 펼쳐두는 것이다.

초반에는 제품 노출을 위해 광고비가 소요되기도 하며, 이후에는 주기적으로 후기 관리도 중요하다. 플랫폼과 오픈마켓 등은 수수료도 각각 다르며 꽤 높기 때문에, 이 점도 제품 판매 금액을 정할 때 고려해야 할 요소이다.

자사몰

나만의 스토어를 만드는 것은 어떨까? 나의 SNS나 광고 등을 보고 유입된 고객들이 자사몰에서 구매하게 된다면 따로 플랫폼 수수료를 내지 않아도 되고, 카드사 수수료와 호스팅비 정도만 부담하면 된다. 검색 포털 사이트에서의 무수한 다른 제품들과 가격 경쟁을 벌이지 않아도 된다. 해외 판매 쇼핑몰로도 유용하게 사용할 수 있어, 전 세계인을 대상으로 제품을 판매할 수 있다. 단, 폐쇄몰의 특성상 네이버에서 검색을 했을 때 제품이 노출되지 않아 검색 유입은 힘들 수 있다. 카페24, 아임웹, 고도몰, 마이소호, 마이샵 등 호스팅사를 이용하면 홈페이지 제작방법을 모르더라도 쉽게 나만의 쇼핑몰을 만들 수 있다.

스마트스토어

우리나라의 가장 큰 검색 사이트인 네이버에서 검색했을 때, 상단에 노출된다면 판매할 수 있는 범위가 커진다. 제품을 업로드하기에도 편리하고, 스마트스토어에 올려둔 제품 정보는 오픈마켓으로 그대로 복사가 가능해서 활용도가 좋다.

고객들은 네이버 구매가 익숙한 경우가 많으므로, 고객 편의를 위해 스마트스토어를 오픈하는 것을 추천한다. 구매할 때 쌓이는 구매 포인트와 후기 작성 시 받을 수 있는 포인트까지 따져보면, 고객 입장에서는 이득이기도 하다. 네이버페이가 워낙 잘 되어 있어서 카드사와 별도로 계약을 맺지 않아도 되고, 자동으로 기능 업데이트가 되는 것도 장점이다. 구매 건수와 후기가 쌓일수록 노출도가 높아지므로 고객의 눈에 띄고 상세페이지를 잘 구성해두었다면, 구매로 이어질 가능성도 크다. 단, 정해진 틀 안에서만 활용할 수 있고 분석 툴에 한계가 있기는 하다. 키워드나 알고리즘에 따라 노출도가 달라지므로 계속 신경 써서 업데이트를 해야 한다.

플랫폼 입점

우리나라에는 11번가, 옥션, G마켓, 쿠팡, 위메프 등 큰 오픈마켓이 여러 곳 있다. 이런 대형 플랫폼에 입점하기 위해서는 담당 MD와 먼저 소통을 해야 한다. 나의 경우 MD님께서 먼저 입점 요청을 주셨는데, 입점 요청을 먼저 해보아도 좋다. 단, 수수료가 굉장히 센 경우가 많아 플랫폼 입점은 판매보다 판매 창구를 넓히는 용, 홍보용으로 올려두는 것이라 생각하면 마음이 편하다. 물론 판매가 많이 되어서 매출로 이어지면 좋은 결과를 거두는 셈이고 말이다.

신규 셀러에게 주는 교육, 광고비, 포인트 제공 등의 혜택들도 있으니, 꼼꼼히 확인해 활용해보자. 다수의 마켓에 한꺼번에 입점하여 정보를 업로드할 수 있는 원클릭 마켓 입점 서비스도 있으니, 어느 정도 판매 건수가 되고 한꺼번에 편한 관리를 원한다면 별도의 이용료와 수수료를 확인하여 사용해도 좋다.

수공예 부문에서 가장 큰 온라인 판매처는 아무래도 '아이디어스'를 빼놓을 수 없다. 아이디어스에는 먹거리부터 문구류, 꽃 관련 제품 등 다양한 수공예 아이템들을 만날 수 있다. 아이디어스의 자체 할인 기획전이나 오픈 기획선 등 이벤트에 참여하여 초기 구매 건수와 후기를 확보하자. 쌓여 있는 좋은 후기는 다음 구매로 이어지는 발판이 되며, 그렇게 계속 구매가 이어지면 노출도 증가하여 고객의 눈에 잘 띄게 되니 구매의 선순환이 이루어진다. 아이디어스는 주기적으로 금손 포인트를 제공하여 광고비로 사용할 수 있고, 작가를 추천하면 무제한 금손 포인트를 받을 수도 있다. 작가들을 위한 교육 프로그램도 잘 되어 있고, 사진촬영이나 건강검진 등 작가를 위한 지원 프로그램들이 많은 편이라 입점하는 것을 대추천한다. 수수료도 매출이 어느 금액 이하이면 거의 떼지 않는다. 이마저도 지원인 셈이다.

예전에는 아이디어스 고시라는 말이 있을 정도로, 입점이 어렵다는 이야기도 있었는데 지금은 작가 추천을 받아 입점을 할 수도 있어 접근성이 가벼워진 편이다. 대신 퀄리티는 꼭 좋아야 함을 잊지 말자.

언택트 시대에 온라인 클래스를 오픈하는 방법

코로나가 터지면서 어쩔 수 없이 집에만 있어야 하는 시간들이

도래했다. 아무런 약속이나 일이 없더라도 무조건 밖에 나가야 하는 밖순이인지라, 혹시 내가 코로나에 걸려서 격리를 하게 되면 그 시간을 어떻게 갇혀서 버티지? 라는 생각이 들었다. (실제로 걸렸을 때는 집에서 노트북으로 일하기 바빠서 생각보다 시간이 빨리 지나간 느낌이었다)

사람이 많이 모이는 곳은 자연스레 가기가 꺼려지고, 타인과의 접촉이 불안하던 시기. 그 시기에 공방에도 원데이 클래스 수요가 줄었다. 한 타임에 여러 팀을 받기도 했지만, 거리 두기 제한이 있어서 한 팀만 받게 되니 시간 활용도가 떨어졌다. 수업은 마스크 착용 후에 진행했고, 수업 전후로 무조건 손 소독을 하기 바빴다.

이 시기를 버티고 버티는 노력이 가상했을까. 어느 날, 아이디어스 측에서 〈캔들 만들기〉 온라인 클래스 개설 제안 메일이 왔다. 집에 있는 시간이 늘어나고 온라인 수업과 재택 근무 등 새롭게 급변하는 환경 속에서 살아남을 또 다른 길이 하나 열린다고 생각했다.

아이디어스 클래스는 1,000만 명이 사용하는 핸드메이드 서비스, 아이디어스에서 운영하는 온라인 클래스다. 클래스 오픈은 수요 조사 오픈 → 계약 → 오픈 예정 → 본 오픈 과정으로 진행되며, 커리큘럼은 강사가 직접 정해서 아이디어스의 컨펌을 받는다.

커리큘럼이 정해지면 수요 조사 오픈을 위한 샘플 영상을 만들어야 하는데, 이는 이후 재촬영 리스크와 영상 수정에 드는 리소스를 줄이기 위함이다. 실제 클래스를 진행하게 되었을 때의 일부 작업 과정을 2~3분 내외의 영상으로 제작하여 공유해주어야 한다. 클래스 영상 제작 전에 미리 보완할 수 있는 부분을 체크해보고, 핸드클래스 제작에 대한 감을 잡아보는 단계인 것이다. 샘플 영상으로 수요 조사를 오픈했을 때 2~3주 안에 목표 즐겨찾기 150명 이상의 관심도를 받아야 계약이 진행된다. 단, 커리큘럼이 차별화, 희소성이 있는 경우는 수요 조사 결과와 별개로 아이디어스가 진행을 요청한다고 한다. 만약 영상의 퀄리티가 클래스 오픈 기준에 미흡할 경우, 수요 조사 등록이 어려울 수 있다. 이미 작업한 영상 중 샘플 영상과 유사한 영상이 있으면 그 영상으로 올려도 된다.

다행히도 예비 수강생들의 선호도를 충분히 받아, 온라인 클래스 계약을 진행할 수 있었다. 내가 직접 촬영, 캔들 제작, 편집, 녹음까지 진행한 영상을 업로드하기까지 한 달 정도가 꼬박 소요됐다. 비수기인 8월에 진행해서 시간적 여유도 충분했다. 온라인 클래스이므로 소분된 준비물 재료를 함께 판매하는데, 어떤 재료를 어떻게 소분해서 나갈지도 정해야 했고 판매 단가도 계산해서 설정해야 한다. 재료는 포장해서 택배로 가므로 아이디어스 전용 박스 구매도 하고 각종 재료 준비도 해나갔다.

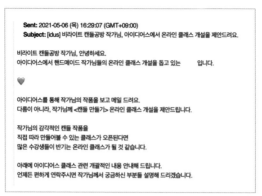

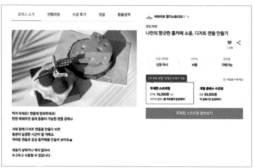

아이디어스 측의 온라인 클래스 제안과 1,300명 대의 관심 수요

이후 썸네일과 제목, 상세페이지에 들어갈 사진, 내용 모두 직접 준비해서 제출하면 아이디어스 측에서 업로드를 해주는 방식이다. 예쁜 사진과 카피라이팅을 정말 고심해서 준비했다. 오픈 이후 아이디어스 자체 이벤트도 하면서 클래스 수강생을 모집했고, 덕분에 지금은 꾸준히 월마다 정산이 되어 매출로 들어오고 있다. 이 모든 과정을 직접 해내고 나니, 대형 프로젝트가 끝난 느낌이었다. 역시, 가만히 앉아서 쉽게 돈을 버는 것은 없다. 그 이

전에 이렇게 일을 가득 해두었기 때문에 매출로 이어지는 것이다.

그 이후, 또 다른 교육 콘텐츠 회사와 함께 온라인 클래스를 촬영하게 되었는데, 기업이나 학교의 온라인 직무연수 강의 중 자기계발 요소로 들어가는 강의였다. 총 15강을 촬영해야 했고, 1강당 1~2개의 캔들을 제작하는 과정이라 커리큘럼을 구성하는 것에 시간이 많이 소요되었다. 누구나 쉽게 따라할 수 있으면서도, 재미있는 수업을 만들고 싶었고, 자격증반에서 전문적으로 다루는 내용은 들어가지 않도록 주의했다.

커리큘럼을 구성한 후, 그냥 텍스트로 드리기보다 촬영할 때 컷별로 어떤 장면과 내용이 들어갈지는 스토리보드 타입의 문서로 만들어서 드렸다. 일명 촬영 콘티라고도 하는 스토리보드는 내가 광고회사에서 유튜브 에디터로 일할 때 만들었던 양식이 있었는데, 이 양식을 그대로 고스란히 활용해도 충분했다. 교육업체에서는 캔들을 어떻게 만드는지에 대해 자세하게 알 수는 없기에, 내 머릿속에 있는 모든 과정을 함께 오류가 없이 소통하기에는 컷별 참고용 사진, 내용 설명, 자막 등을 한눈에 볼 수 있게 해야 한다고 생각했다.

광고회사를 다닐 때는 늘 촬영팀과 함께 일을 했다. 나는 에디터로 콘텐츠를 기획하지만 그들의 편집 용어를 알아야 내가 원하는 영상의 구성대로 편집을 요청할 수 있겠다 싶었다. 그래서 퇴근 후 컴퓨터 학원에 가서 내돈내산으로 영상편집 프로그램인 프리미어와 애프터 이펙트를 배웠다. 그렇게 배우고 나니 촬영자와 편집자의 입장 모두를 생각할 수 있게 되었다. 컷이 어떻게 구성되어야 되는지, 카메라를 돌리고 난 후 앞뒤로 얼마나 여백을 주어야 하는지, 오디오가 어떻게 맞물리면 안 되는지 등 전반적인 영상의 구성에 대해 조금 더 넓은 시야를 갖게 됐다. 그래서 스토리보드를 쓸 때도, 촬영을 할 때도 이 모든 지식을 활용했다.

　이 촬영은 카메라가 총 7대가 붙는, 큰 촬영이었다. (천장에도 카메라가 달려 있었다)

　담당자분들께서 카메라를 돌리면 나는 앞에서 열심히 캔들을 만들며 설명했다. 하루에 5강씩 3일에 걸쳐서 촬영했는데, 오전

교육회사 온라인 클래스

10시부터 시작해 저녁 7~8시에 끝나는 아주 강행군이었다. 그래도 촬영도, 편집도 남당 회사에서 하시니 나로서는 촬영만 하면 되어서 조금이나마 다행이었다.

촬영 때는 출강 나가듯이 5강에 들어갈 모든 재료들을 가져갔다. 도구와 유리 용기들, 각종 재료들을 평소와 같이 카트에 가득 담았다. 차가 없는 뚜벅이라 촬영 장소가 지하철로 한 정거장이길래 지하철을 탔는데 아뿔싸! 그 지하철역에는 엘리베이터나 에스컬레이터가 없었다. 한여름에 비가 추적추적 오는데 그 무거운 재료들을 들고 계단을 오르내리고, 촬영이 끝나고는 퇴근 시간에 택시가 잡히지 않아 카트를 들고 육교를 오르내리다 카트가 다 부서지기도 했다. 정말 눈물이 찔끔 나오도록 내가 안쓰럽기도, 그 자리에 그냥 주저앉고 싶기도 했지만 다시 일어설 수 있었던 건 이 모든 것도 다 지나간다는 생각 덕분이었다.

이때가 7월이었는데 한창 공방 이전을 앞둔 시점이라, 이사하기에도 기존의 수업을 하기에도 정말 바쁘던 시간이었다. 그래도 공방을 이전하고 향수 수업을 준비하며 재정비를 하는 동안 일하지 않아도 되는, 한 달 매출 정도의 큰 금액으로 계약할 수 있어서 정말 감사했다. 이후 수업 오픈도 차질 없이 잘 진행되어 연수 프로그램으로 판매되고 있고, 힐링 되는 연수였다는 후기들이 달리는 것을 보니 뿌듯했다.

내가 가장 자신 있는 수업이 있다면, 나만의 커리큘럼을 구성하여 직접 문을 두드려보는 것은 어떨까. 항상 콘텐츠를 찾고 있는 자들이 있고, 먼저 제안하여 잘 할 수 있음을 증명하면 된다. 이외에도 클래스101이나 클래스유, 베어유, 탈잉 등 각종 온라인 클래스 플랫폼에 제안해보자. 이왕이면 아예 결이 다른 IT, 코딩, 커리어 수업이 있는 곳보다는 비슷한 수공예 분야 클래스를 판매하고 있는 곳이 좋다.

오프라인 클래스 모집하는 방법

작업실이 아닌 공방을 열었다면, 원데이 클래스를 열어보자. 처음엔 클래스 종류가 다양하지 않아도 괜찮다. 중요한 것은 한 가지라도 먼저 오픈하는 것이다.

오프라인 클래스를 그렇다면 어디에 올려두어야 할까?

제일 먼저는 네이버 스마트 플레이스다. 우리가 약속 날짜를 잡고 어디에 가서 무엇을 할지 찾아볼 때 가장 먼저 하는 것은 무엇일까? 인스타그램이나 유튜브에서 봤던, 혹은 지인이 가보라고 했던 맛집이나 전시 등을 네이버에 검색해볼 것이다. 혹은 아무 정보가 없을 때에는 네이버에 서울 데이트, 혹은 용산 가볼 만한 곳, 서울역 근처 놀거리 등을 검색할 것이다. 이렇게 검색했을 때 지도 탭에 뜨는 곳을 유심히 본 적이 있지 않은가.

←… 비라이트의 네이버 플레이스 메인 ↑ 네이버 스마트 플레이스

　오랜만에 머리를 다듬으러 미용실을 가야겠다 생각이 들었다 치
자. 친한 디자이너 분이 계시다면 DM이나 카톡으로 바로 연락을
할 수도 있겠지만, 주로 지도에서 근처 미용실을 찾아본 후 예약
시간을 확인하여 내가 갈 수 있는 시간에 예약을 해두지 않을까?

　네이버는 한국인들이 가장 많이 사용하는 포털사이트이며, 네
이버 지도와 연동이 되어 있어 검색했을 때 직관적으로 위치와 사
진, 후기들을 확인할 수 있다. 네이버 스마트 플레이스에 들어가
면 예약 상품을 오픈할 수 있는데, 여기에 클래스를 구성하여 예
약을 할 수 있도록 열어두면 된다. 네이버 예약은 네이버 페이로
클래스 금액을 전체 결제하도록 할 수도 있고, 예약금만 결제하도
록 할 수도 있어서 결제 시스템까지 자동으로 유용하게 사용할 수

있다. (수수료 별도) 게다가 네이버 예약으로 예약을 하고 오시는 분들은 후기도 작성할 수 있으니, 후기를 쌓아두기에도 좋다. 네이버 플레이스는 광고도 가능하고 쿠폰 기능도 활용하면 좋다. 나의 경우 향수 50ml 클래스 예약시 5ml 미니 용기 증정 쿠폰을 올려두었는데, 이 쿠폰 덕분에 상단으로 뜨면서 우연히 지도를 보다가 오셨다는 분들을 많이 만날 수 있었다.

우리도 어딘가에 갈 때 네이버로 검색해본 후, 사진과 후기를 살펴봤을 때 '어? 여기 괜찮은데?' 혹은 '여기 내가 좋아하는 분위기네' 하는 생각이 드는 곳이면 함께 만나기로 한 친구에게 링크를 보내며 "여기 어때?" 라고 묻기도 하고, 혹은 서프라이즈로 예약을 해두기도 할 테다. 이런 사용자 경험을 몸소 하고 있으니, 고객의 입장에서 어떻게 하는 것이 편리할지를 고민해보자.

SNL의 '인스타 감성카페에서 주문하는 법' 콘텐츠를 참 재미있게 보았는데, 현 세대를 해학적으로 풀어내어 그야말로 웃픈 상황이 펼쳐진다. 인사 없이 가격 문의를 하면 나가달라 하고, 궁금한 점은 인스타 DM으로 정중히 문의 부탁드린다고 한다. 도대체 이런 곳이 있을까? 하는 생각이 들지만, 생각과 달리 정말 있다. 모든 것은 인스타에서 확인하라고 한다. 휴무 일정조차 인스타에서 확인해야 해서, 네이버에 영업중이라 되어 있어 갔는데 휴무인 곳도 있었다. 그런 불편을 감수하고까지 갈 만한 곳인가, 편하게 영업시간과 예약 가능 일정을 확인할 수 있는 곳인가는 스스로에게 물어보면 답이 나올 것이다.

다음은 클래스 플랫폼을 이용하는 것이다. 아이디어스 오프라인 클래스를 비롯해, 솜씨당, 프립, 쿠팡 트래블, 타임티켓, 모카클래스 등 각종 클래스를 올려둘 수 있는 플랫폼들이 많다. 작가 또는 호스트 등으로 가입을 한 후, 클래스를 등록하면 된다. 상시 스케줄로 올려서 고객과 시간 및 날짜를 협의해도 되고, 내가 날짜와 시간을 정해서 올려두어도 된다.

클래스 플랫폼에서는 자체 SNS 마케팅을 잘 해주어서, 플랫폼으로 유입되는 고객을 끌어들이기 때문에 별도 마케팅을 하지 않아도 노출이 많이 되는 편이다. 또 발렌타인데이, 빼빼로데이, 크리스마스 등 각종 시즌에는 플랫폼 자체적으로 고객들에게 할인 쿠폰을 제공하여 유입량을 늘려준다. 수수료는 업체마다 다르지만 15~30% 등으로 높은 편이라, 플랫폼 이용료, 마케팅 비용, 정산 수수료 등이 포함되어 있다고 생각하면 편하다.

이렇게 네이버 예약과 플랫폼 예약을 전부 열어두다 보니, 일정을 조율할 때 정신을 바짝 차려야 하는 상황이 생기기도 한다. 네이버 예약으로 모든 타임에 예약이 차서 월초부터 이미 월말까지

솜씨당 메인

솜씨당 클래스 등록과정

모카클래스 메인

아이디어스 메인

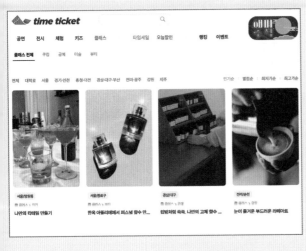

타임티켓 메인 ··· 프립 메인

전부 마감이 되었던 적이 있다. 네이버에 마감이 되어 있으니 이런 외부 플랫폼으로 예약을 우회해서(?) 하시는 분들이 생겼다. 네이버 예약이 안 되던데, 플랫폼에는 열려 있어서 이걸로 예약했다는 분들이었다. 해당 날짜와 시간에 예약이 마감되면 각종 플랫폼마다 들어가서 일정을 전부 닫아야 하는 일이 발생하기도 한다. 번거롭지만 행복하고 감사한 일이다.

오프라인으로 원데이 클래스를 모집할 때는 완성품 사진뿐만 아니라, 클래스의 과정을 사진과 짧은 설명을 곁들여 함께 올려두는 것이 좋다. 공방에 가서 어떤 과정으로 이 제품을 만들게 되는지, 그 과정이 재미있을 것 같은지를 생각할 수 있도록, 호기심을 자극해보자. 고객에게는 낯선 제작 과정일 테다. 어느 정도 머릿속으로 예상이 되면 안심할 수 있고 편안하게 체험에 접근할 수 있다.

또 제공할 수 있는 서비스는 빠짐없이 기입해두자. 주차, 다과, 와이파이, 포장 등 말이다. 그리고 후기를 작성하면 플랫폼 내 할인 쿠폰을 제공하거나, 작은 선물을 제공하는 방식으로 긍정적인 후기를 모아두자. 이 후기는 다음 고객들에게 참고할 수 있는 정보가 되며, 클래스를 등록하기에 유용한 발판이 될 것이다.

클래스를 어떻게 만들고 진행할까?

그렇다면 클래스를 어떻게 구성해서 업로드를 해야 할까? 처음 오픈하려고 하면 막막해질 것이다. 그럴 때는 다른 공방에서는 어떤 커리큘럼으로 원데이 클래스를 진행하고 있는지 살펴보자. 그걸 그대로 베끼라는 것이 아니라, 시장 조사를 해보는 것이다.

'이런 식으로 묶어서 진행하는구나' '이 제품만 단독으로 해도 사람들이 신청하네?' '전혀 다른 제품인데도 같이 하니 1석 2조로 더 알찬 구성이라 느끼겠다' 하는 조사이다. 이런 레퍼런스를 체크한 후, 나는 그럼 어떻게 구성하면 좋을까를 생각해보자.

원데이 클래스에서 꼭 두 가지 이상 제품을 만들어야 하는 건 아니다. 도예나 페인팅, 베이킹 등 한 가지 체험만으로도 시간이 오래 걸리는 제품들은 한 가지만 해도 충분하다. 한 가지만 하기에는 시간이 짧게 느껴지거나 아쉬울 것 같다면 두 가지로 클래스를 꽉 채워보자.

클래스 금액대는 주변 시세에 최대한 맞추는 것이 좋고, 초반에는 시세보다 조금 저렴하게 진행해서 마진보다는 초기 고객 확보에 주력해도 좋다.

1. 커리큘럼 구성법

• 재료 별로 묶어보자!

캔들의 경우 캔들로 제작하는 왁스의 종류가 다른 경우들이 있다. 예를 들어 케이크 캔들은 필라 왁스와 컨테이너 왁스를 사용하는데, 케이크 캔들 외에 다른 한 가지 캔들을 필라 왁스나 컨테이너 왁스를 사용하는 제품으로 함께하도록 한다. 그래서 이 두 가지 왁스만 사용하여 만들 수 있는 커리큘럼으로 구성하는 것이다. 오일 파스텔이라면 오일 파스텔만 쓰는 그림 두 가지, 아크릴이라면 아크릴만 사용하자. 쌀빵을 만든다면 같은 쌀 반죽이지만 감자와 고구마 필링베이스 두 가지를 한다든지, 초콜릿이라는 주재료에서 초콜릿 몰드를 사용하는 것과 막대과자에 묻히는 것 두 가지 이런 식으로 구성할 수 있겠다.

• 제품군 별로 묶어보자!

함께 사용하거나 인테리어용으로 함께 두기 좋은 제품군 별로 묶는 것도 방법이다. 캔들과 캔들 받침대를 함께 만든다거나, 디저트 캔들은 디저트 캔들끼리(케이크에 라떼 등), 왁스에 말린 꽃이 들어갔다면 꽃이 들어간 제품끼리(부케캔들과 왁스타블렛 등) 말이다. 라탄이라면 컵 받침대와 컵 홀더를, 우드카빙이라면 숟가락과 수저 받침대를, 비누라면 핸드워시와 페이스워시를, 향수라면 디퓨저와 차량용 방향제 등으로 생각해볼 수 있다.

• 시즌(기념일, 이벤트 등) 위에 올라타자!

발렌타인데이, 화이트데이, 막대과자데이 등 수많은 기념일은 상술이라 생각했지만 정작 나도 그 기념일에 무언가를 선물 받으면 그렇게 행복했다. 이제는 우리도 그 상술이라 생각했던 시즌 위에 올라타야 한다. 각종 데이들은 달력에 꼭 체크해두고 기본 2주에서 한 달 전에는 미리 시즌성 클래스를 오픈하도록 하자.

시즌에 맞게 스티커와 상자 등을 미리 준비해서 그 분위기를 더 넣어주어도 좋다. 캔들의 경우 12월, 크리스마스가 정말 대목이다. 예수님 나신 날이라는 본질을 잊게 될까 스스로 우려하게 될 정도로, 11월부터 클래스 예약이 들어오고 연말 선물을 위한 제품 주문량도 늘어난다.

시즌에는 시즌에 알맞은 커리큘럼으로 준비하는 것이 좋다.

발렌타인데이에는 초콜릿 모양의 캔들, 화이트데이에는 사탕 모양, 막대과자데이에는 초코막대 모양의 캔들, 크리스마스에는 레드, 그린의 오브제 등으로 말이다. 캔들처럼 모양이 다양하지 않은 제품군에서는 해당 기념일이 적혀 있는 스티커와 포장만으로도 충분하다. 충분히 그 분위기를 조성해주면 된다. 특히 5월 어버이날, 스승의날도 대목인데 "감사합니다" "사랑합니다" 문구와 카네이션이 들어간 스티커만 제작해도 시즌 분위기를 한껏 낼 수 있다.

내가 직접 제작한 나만의 스티커나 다른 사람들이 쓰지 않는 포장 방법을 사용하면, 차별점을 만들 수 있고 다른 클래스에 비해 눈에 띄게 되어 구매 확률을 높일 수 있다. 매달 꾸준히 할 수 있는 생일 이벤트도 추천한다. 해당 월에 생일인 분들은 어느 금액 정도를 할인해주거나, 작은 제품을 추가로 증정하거나 하는 이벤트 말이다. 나의 경우 클래스에 오셔서 생일이라고 하시면 직접 박수를 치면서 생일 축하 노래를 불러드린다. 물론, 수요 없는 공급일 수 있지만 무조건 서비스로 웃음 포인트를 만들어드린다. 함께 실컷 웃고 나면 클래스에 대한 좋은 인상을 남길 수 있고, 이는 긍정적인 피드백으로 이어지기 마련이다.

2. 낯선 이들과의 클래스 진행법

원데이 클래스를 기준으로 이야기를 하려고 한다. 원데이 클래스가 진행되는 동안 최대한 가만히 있는 시간을 주지 않으려 한다. 그 말인즉슨, 기다리는 시간에도 무엇을 하도록 자꾸 주는 것이다.

클래스의 처음부터 끝까지 기다리는 시간 없이 계속 손을 움직여야 한다면 상관없지만, 캔들의 경우 큰 제품이 굳는 시간이 오래 걸리니 그 동안 다른 작은 제품 만들기를 하나 더 한다. 그리고 그 두 가지가 굳는 시간도 기다려야 하니, 그 시간에는 포장 상자에 그림을 그리거나 스티커를 붙여 꾸미기를 하게 한다. 이렇게 해서 고객들에게 허비되는 시간 없이 클래스가 알차다는 평을 많이 받았다.

원데이 클래스에 처음 온 고객은 공방 자체가 낯선 경우가 많다. 그래서 수업이 준비되어 있는 테이블이 눈에 훤히 보이는 데도 앉지 않고 방황하기도 한다. 나의 경우, 고객이 들어오면 밝게 인사하고 여기에 앉으라고 꼭 이야기를 한다. 그리고는 간단한 아이스 브레이킹으로 분위기를 편안하게 풀어준다.

고객이 오면 어떻게 어색한 분위기를 풀어야할지 모르겠다고 이야기하는 선생님들도 계신다. 이럴 때 내가 드리는 조언은 "소개팅을 한다고 생각해 보세요"이다. 나름, 소개팅을 꽤 해봤다고 생각한다. 소개팅을 한 후 애프터 신청을 받았던 비율이 높았는데, 그 이유는 적당히 묻고 경청해주는 것에 있었던 것 같다.

예를 들면 이런 대화 방식이다.

나 : 어느 동네에서 오셨어요?

고객 : 여기 근처 살아요. (혹은, 어디 멀리서 왔어요.)

나 : 클래스 하러 여기까지 (멀리) 와주셔서 감사해요. 오늘 클래스는 왜 신청하게 되셨어요?

고객 : 이 친구가 가자고 해서 왔어요, (혹은) 관심이 있어서 왔어요, (혹은) 예뻐서, 재미있어 보여서 왔어요.

나 : 어머 그러셨군요. 오늘 제가 재미있는 시간 만들어드릴게요. 어렵지 않아요! 잘 따라오세요!

이렇게 클래스 처음부터 대화를 조금 한 후 시작하면 마음의 벽을 해제시키고 들어가는 것이라, 어색함을 덜 수 있다. 먼저 자기 이야기를 풀어놓거나, 이것저것 질문하는 고객님도 있어서, 처음 봤지만 어제 봤던 옆집 언니처럼 편하게 들어드리려 노력한다. (대화하기를 별로 좋아하지 않는 고객님들도 있으니, 눈치껏 묻거나 떠들지 말고 조절하자!)

전국 매장에서 내 제품이 팔린다!

소품샵 입점 방법

공방을 오픈한 초반부터 전국에 있는 소품샵 10군데 이상 입점을 했다. 입점 신청을 했으나 받아주지 않는 곳도 있었다. (이미 소품샵에 캔들이 많은 경우, 소품샵 분위기와 어울리지 않는 경우, 캔들 판매가가 소품샵 제품 판매 금액들과 맞지 않는 경우 등의 이유가 있겠다) 공격적으로 입점을 한 이유는, 초반 매출을 어떻게든 끌어오기 위함이었다. 내가 제작한 캔들이 얼마나 고객들에게 매력적으로 다가가는지, 혹은 다가가지 못하는지도 확인하고 싶었다.

소품샵 입점 장단점 안내 영상

처음 소품샵에 입점을 해야겠다 생각한 건, 이미 내가 소품샵 덕후였기 때문이다. 날을 잡아 소품샵만 투어한 적도 많았다. 그런 소품샵에 갔을 때 캔들이 진열되어 있는 것을 보았고, '나도 이렇게 입점할 수 있겠다'라는 생각이 들었다. 마음에 드는 공간에서는 사장님께 나의 공방 명함을 드리고 오기도 했다.

소품샵에 입점하는 방법은 두 가지가 있다.

1. 직접 입점 신청을 하는 법

인스타그램에 #입점작가모집 #소품샵입점모집 #입점브랜드모집 등의 해시태그를 검색한 후 계정에 들어가 피드에 올라와 있는 게시글을 먼저 본다. 마음에 드는 소품샵의 프로필로 들어가서 공지 글을 확인해 어떤 분야의 제품들을 모집하는지를 본 후, 내 분야의 제품을 받는다고 하면 제출해야 하는 서류들을 메일로 보낸다. 주로 보내는 서류는 사진과 판매 단가가 적힌 제품 소개서, 사업자등록증, 통장사본 등이다.

2. 입점 제안이 오는 경우

네모네 같은 큰 업체 MD님께서 따로 메일로 연락이 와 입점 제안을 주셨다. 그 외에도 전국의 소품샵 사장님들께서도 인스타그램 DM으로 입점해줄 수 있냐는 연락이 왔다. 혹은 카페, 호텔 등에도 제품을 놓아두고 판매하는 공간을 주시겠다는 연락이 오기

[비라이트캔들] 캔들 입점 신청 드립니다.

보낸사람 서기영 <belightcandle@naver.com> VIP

받는사람

2020년 8월 4일 (화) 오후 12:51

대용량 첨부파일 1개(18MB)

비라이트캔들_소품샵입점단가.xlsx 18MB
다운로드 기간: 2020/08/04 ~ 2020/09/03

안녕하세요 대표님
비라이트 캔들 공방입니다 :)

인스타그램 팔로우 하면서 예쁜 문구류들 보고 있었는데,
이번에 핸드메이드류 받으신다는 모집 글 보고 연락드렸습니다!
입점 리스트, 단가 전달드리니 유첨파일 확인 부탁드립니다.

*입점 수수료 및 입점 관련 절차 말씀주세요!

감사합니다.
서기영 드림.

[네모네] 대한민국 No.1 기프트샵 강남역점 오프라인 매장 입점 제안

보낸사람 VIP

받는사람 BELIGHTCANDLE@NAVER.COM

2020년 9월 15일 (화) 오전 11:38

첨부 1개 3MB 모두저장 이미지로 보기

NEMONE 강남점 입점제안서.pdf 2.1MB

ⓘ 이 메일은 [nemone.co.kr]을 통해 발송된 메일이 아닙니다.
보낸 사람의 주소가 실제 발송 주소와 다를 수 있으니 주의하시기 바랍니다. 자세히 보기

안녕하세요 네모네   입니다.

판매중이신 제품을 보면서 '특별한 사람에게 특별한 선물을'
이라는 슬로건으로 운영중인 저희 매장에 참어울린다고 느낀바,
저희와의 협업을 통해 상호 도움이 될수있지 않을까 하는 기대감에
저희 네모네의 오프라인 매장 <강남역점> 입점 제안을 드립니다.

서울 강남 최고의 번화가이자, 강남에서 유동인구가 가장 많은
강남역 11번출구에서 100m 거리(도보1분)에 위치한 100평 규모의 1,2층 매장으로
강남역에서 패션 전문 브랜드 기업 매장을 제외하면,
상품 판매 매장으로써는 가장 좋은 위치에 넓은 공간의 매장으로 선보이게 됩니다.

리빙, 뷰티, 디지털, 인테리어, 푸드, 펫, 문구 등
다양한 카테고리별로 섹션이 나뉘게 되어,
특별한 상품을 추천해주는 네모네의 브랜드에 맞게
입점 기업의 상품은 고객들에게 특별한 상품으로 기억남게 됩니다.

소품샵에 내가 지원한 메일과 제안을 받은 메일

도 했다. 입점 제안을 먼저 주실 때는 좋은 조건으로 주시는 편이라 취사선택(?) 할 수 있다.

초반에는 먼저 소품샵 사장님께 입점 신청을 해야 한다. 이런 제품을 보내드릴 수 있다, 잘 판매가 될 것이다, 등 나의 장점에 관해 어필을 해야 한다. 입점료를 받는 곳도 있고, 입점료 없이 수수료만 받는 곳도 있다. 둘 다 받는 곳도 물론 있다.

판매가 잘 되면 나도, 소품샵 사장님도 윈윈이니 잘 팔릴 수 있도록 퀄리티 좋은 제품을 선보이자.

소품샵 장점 2가지

1. 전국에 내 제품 노출 효과

온라인 판매가 처음부터 잘 된다는 보장이 없기 때문에, 오프라인 판매부터 노려도 좋다. 전국에 나의 제품들을 깔아두는 것이다. 제품 포장 속에 안내 엽서를 넣어 브랜드 팸플릿을 넣는 느낌으로 공방 인스타그램 계정이나 제품의 장점을 소개할 수 있다. 소품샵에서 제품을 구매한 고객이 어떤 곳에서 만든 것인지 궁금해서 인스타그램 계정에 들어왔다가, 제품이 예뻐서 팔로우를 할 수도 있다. 그렇게 계정에 들어왔다가 DM으로 캔들 사용 문의를 주신 분도 계셨다. '아, 이런 곳이 있구나!' 하고 고객에게 노출시키는 효과가 있는 것이다.

소품샵에 입점을 한다는 것은 오프라인 판매처가 전국적으로 생긴다는 말이다. 나의 제품을 판매할 수 있는 매대, 거래처가 생기는 것이니 캔들 유통이 이루어진 셈이다. 예를 들면 약국도 마찬가지다. 제약회사에서 나온 약을 전국에 있는 약국으로 넣는다. 화장품 회사에서도 제작한 제품을 올○브영에 입점해서 전국에 납품하는 것, 이것 또한 동일하게 입점이고 유통이라 생각하면 쉽다.

나는 이곳 서울에 있지만, 내가 만든 캔들이 전국의 소품샵에 쫙 깔림으로써 각 소품샵에서 발생하는 수익이 매달 정산되어 들어온다. 한 곳에 한정되어 있는 것이 아니라 전국에 뿌릴 수 있다는 것이 장점이다.

그래서 자격증반이나 창업반 수업을 들으시는 선생님들께는 소품샵 입점을 추천 드리고 있는 편이다. 처음부터 나처럼 투잡으로 하면서 공방이 없기도 하고, 매장을 바로 열기도 현실적으로 힘드니 집에서 만들어서 입점으로 판매를 먼저 해보는 것도 시작에 좋은 방법이다.

2. 대량 작업 스킬 연마 가능

공방을 오픈하자마자 처음부터 대량으로 작업이나 주문이 들어오지는 않는다. 그런데 소품샵을 하나 거래처로 뚫어 놓으면 소품샵에 보낼 때 1~2개가 아닌, 한 품목당 적어도 3개 이상으로는 보내기 때문에 대량으로 만들 때의 노하우가 생기게 된다. 대량으로 제작한 후 떼샷을 촬영해서 인스타그램에 올리면, 나의 제품이 잘 판매된다는 느낌도 줄 수 있고 이렇게 대량으로도 제작할 수 있는 능력이 있다는 것을 보여줄 수 있다.

수공예품 제작은 연습이 중요하다. 누가 봐도 사고 싶은, 상품성 있는 퀄리티로 만드는 건 쉽게 뚝딱 되지 않는다. 나는 소품샵에 납품할 제품들을 만들면서 망쳐서 많이 버리기도 했다. 여러 개를 똑같이 만들어내야 하는 과정을 겪으며 나의 부족함도 깨달았고, 그 과정 자체가 연습이 되고 실력 향상에 도움이 되었다.

소품샵 단점 2가지

1. 재고 부담

제품을 소품샵에 매번 보낼 때의 배송비, 또 제품 재고가 돌아올 때의 배송비도 전부 내가 부담해야 한다. 배송비 부담은 둘째 치더라도, 돌아오는 재고는 팔리지 않고 계약이 끝나서 돌아오는 것이니, 그 제품은 재판매할 수가 없다. 이미 몇 개월을 매장에 진열되어 있다가 돌아오다 보니, 먼지가 쌓이거나 색이 바라거나 향이 날아갔거나 더러워졌기 때문이다. 돈을 받고 도저히 이걸 판매할 수는 없는 상태로 돌아온다.

그럼, 그 재고는 오롯이 나의 몫, 나의 부담이 된다. 이렇게 돌아온 재고를 내 매장에 둘 공간도 없고, 그대로 버리자니 그 많은 캔들을 만들며 썼던 내 재료들, 노력, 시간이 아까웠다. 그래서 공방 앞에 '무료 나눔'으로 주변 분들께 나눠드리거나, 당○마켓에 중고로 올려 재료값만 받고 판매하기도 했다. 어쨌든 캔들로써 사용하는 데는 문제가 없지만, 제값을 받고 판매할 비주얼은 아니었기 때문이다. (덕분인지 때문인지 공방 근처 분들께 공방을 알릴 수도 있고, 나눠드릴 수 있는 기회가 되었다)

초반에 너무 많이 발주하시는 소품샵 사장님을 만났다면, 현재 나의 제품 재고가 몇 개 남았는지를 꼭 확인하고 재고를 조절하는 것을 추천한다. 차라리 시간이 조금 걸리더라도 다 완판된 후 재발주를 받는 게 낫지, 팔리기도 전에 재고를 재어두는 방법은 옳지 않다. 어떤 곳에서는 나의 캔들이 완판되어서, 매장에서 예약 주문을 받기도 했다. 그러면 빠르게 제작해서 또 보내드리는 방식으로 맞추어 나갔다.

2. 낮은 수익률

소품샵에 입점할 때 입점료가 없는 곳도 있고 있는 곳도 있는데, 입점료가 있는 곳은 매달 입점료에 수수료까지 나의 부담이다. 이것들을 빼고 나면 일반적으로 나의 매장이나 스마트스토어에서 판매하는 것보다 수익이 낮을 때도 있다. 다 빼고 나니 수익이 0원이거나 오히려 마이너스일 때도 있었다. 통장에 정산금이 입금되는 것으로만 봤을 때는 월에 한 곳에서만 몇 십 만원이 들어오면 잘 된다고 생각할지 모르지만, 이미 낸 입점료나 수수료를 생각해보면 결국 돈을 벌어도 버는 것이 아니게 된다. 그래서 손익 분석을 철저히 한 후 판매 단가를 제시해야 한다.

어쩔 수 없이 소품샵에서 판매하는 제품 단가는 나의 매장이나 스마트스토어에서 판매하는 금액보다 높을 수밖에 없다. 그렇게 단가를 높여서 판매해도 직접 판매보다 수익률이 낮다. 우리가 단돈 몇 백원을 벌자고 비싼 노동력과 시간을 갈아 넣는 것이 아니다. 이쯤 되면 입점하지 않는 것이 답인가 싶다가도, 초반 홍보 겸 소비자와의 접점을 늘리는 겸 하는 것이라 생각하면 해볼 만하다. 소품샵만 입점을 하기에는 수익률이 낮을 수 있으니 '내가 이 정도는 감당할 수 있겠다' 하면 추천하고 싶고, 소품샵 입점을 공방 운영 초반에는 공격적으로 많이 전국에 하다가 어느 정도 자리를 잡으면 줄여나가는 것을 추천한다. 공방이 자리를 잡게 되어 잘 되면 주문과 클래스가 늘어나니, 납품건을 다 만들 시간도 없다.(다들 잘 되시기를!)

소품샵 입점할 때 유심히 봐야 할 사항들

1. 소품샵이 활발히 잘 운영되고 있는지

갓 오픈한 소품샵의 경우 사람들이 많이 오지 않을 수 있다. 캔들의 경우 오래 되면 향이 날아가고 색이 바래고 상품성이 떨어진다. 그랬을 때 판매와 입고의 회전율이 떨어지므로 내 제품이 판매되지 않고 고스란히 재고로 남게 된다.

판매가 잘 되고 유동성이 좋은 매장인지를 꼭 확인하자. 가볼 수 있으면 직접 가보는 것이 좋다.

2. 정산 시스템이 잘 되어 있는지

제일 중요한 것은 정산금이 밀리지 않는 것이다. 소품샵 입점 계약을 할 때 정산일을 꼭 확인하자. 한 소품샵 사장님의 정산 시스템이 제일 마음에 들어서 마지막까지 거래처로 남겨두었다. 그 달에 어떤 제품이 몇 개 판매되었는지 매출 금액, 수수료 퍼센트에 따른 정산금액을 아주 보기 좋게 표로 만들어서 메일로 매달 보내주셨다. 그러면 그 제품이 재고로 몇 개가 남았는지를 보고 새로 더 만들어서 보내기도 하고, 신제품을 더 넣기도 했다. 이렇게 일 잘하시는 분들은 합이 착착 맞아서 좋다. 생각 외로 '정산금 얼마입니다' 하고 입금만 하고 끝내는 곳들이 꽤 있는데, 나는 참 답답했다. 이월해서 합쳐서 보내주시기도 하고, 금액이 안 맞기도 했다. 심지어 퇴점하게 되어 받은 재고와 재고표의 수량이 맞지 않기도 했다.

입점료 현금영수증 발행 여부도 따져보자. 나의 경우 정산금 현금영수증이 발행되는지도 따져보았다. 매출 신고와 비용 처리를 위함이므로 놓치지 말아야 한다.

3. 나와 같은 분야의 다른 브랜드가 몇 개 들어가 있는지

경쟁이라고 말을 할 수는 없지만, 너무 많은 동일 분야의 제품이 있으면 비교가 되기 때문에 나의 제품이 선택 받을 확률이 떨어질 수 있다. 물론 압도적으로 가격 대비 퀄리티가 좋고 예쁘면 상관없겠지만, 10개 중에 내 제품이 있는 것과 2개 중 하나가 내 제품인 경우는 확률적으로 다르다. 그만큼 다른 제품과 차별화해서 퀄리티를 높이거나, 아니면 나와 비슷한 제품군이 별로 없는 희소성 있는 곳을 찾는 것이 판매가 잘 될 수 있는 방법이다.

소품샵과 내 제품의 케미를 확인하자!

그 소품샵 공간과 나의 제품의 분위기가 잘 어울리는지를 꼭 확인하라고 권하고 싶다. 매장이 빈티지하고 서정적이고 클래식한데, 내 제품은 색감이 알록달록하고 귀여우면 오히려 이질감이 들어서 판매가 잘 되지 않을 수도 있다. 혹은 매장이 아기자기하고 귀여운데 내 제품은 심플하다면 밋밋하게 느껴지거나 눈에 띄지 않아서 묻힐 수가 있다.

매장의 분위기와 나의 제품이 시너지가 날 수 있는 제품으로 구성해보자. 나에게 맞는 옷이 있다.

사업을 하다 보니 다른 업종이어도 비즈니스 모델, 수익 구조에 대해 많이 관찰하는 편이다. 그리고 그것을 어떻게 내 업종에 녹여낼까 고민한다. '아, 이런 방식으로 유통이 되고, 정산이 되는구나' '이 과정에서 수수료를 받을 수 있구나' 등등 시야를 넓혀보자. 돈 벌 길은 많다!

플리마켓, 팝업스토어 나갈 때 준비해야 할 것들

여태 플리마켓은 한 번, 팝업스토어도 한 번 나가보았다. 나에게는 맞지 않아, '다시는 나가지 않을 거야'라고 다짐했지만 잘 맞는 분들은 수익을 잘 내시는 것으로 안다.

그럼, 플리마켓과 팝업스토어에 나갈 때 준비해야 할 것은 무엇인지 알아보자.

우선 기본 준비 사항은 테이블을 덮을 천, 디피용 계단과 받침대 등 매대를 꾸밀 소품, 안내판, 조명, 멀티탭이다. 전기 콘센트는 제공된다. 나는 그 외에 휴대폰 충전기, 이벤트용 선물, 명함, 포장재 등을 챙겨갔다.

가기 전에 주최측에서 제공하는 테이블 사이즈를 확인한 후, 미리 사이즈에 맞게 디피를 해보는 것을 추천한다. 미리 세팅을 해보

홍대 플리마켓 매대 구성

면 매대가 비어 보일 수도 있고, 너무 꽉 차서 둘 곳이 없을 수도 있다. 제품 가짓수나, 제품과 소품 세팅 구도를 미리 잡아보고 가자.

가격표는 마스킹테이프에 써서 테이블에 붙여도 되고, 아크릴 pop꽂이에 가격 종이를 끼워서 올려놓아도 깔끔하다. 미리 제품 개수와 가격을 한 곳에 적어두어 내가 헷갈리지 않게 하고, 종류별로 제품을 한 개씩 올려둔 후 판매 되면 또 올려두고 또 올려두는 게 좋다. 블랙보드에 인스타그램 계정을 적어두고 팔로우하면 작은 선물을 드리는 이벤트로 팔로우를 모으는 것도 방법이다.

제품을 너무 많이 가져간 게 잘못이었을까. '이거 다 완판되어서 빈손으로 돌아오면 어떡하지?' 하는 무한 행복 회로를 돌린 기대 탓이었을까. 연남동 플리마켓에서 단 3개를 팔고 돌아왔다.

토요일 오후의 연남동은 사람이 많을 터인데, 한창 코로나 시국이이서 외부 활동을 자제하던 때이기도 했지만 이렇게 구경하는 사람이 없다고? 길가도 아닌, 건물과 건물 사이의 공간에서 플리마켓을 하다 보니, 다들 그냥 지나가기만 했다. 구경하는 사람이 아무도 없고, 그마저도 한 팀 들어오면 모든 셀러가 다 자기만 쳐다보고 있으니 부담스러워서 후다닥 나가기도 했다.

'내가 토요일 원데이 클래스 두 명씩 두 팀을 안 받고 왔는데, 캔들 구매 문의도 거절하고 왔는데, 일주일 동안 이거 만드느라 고생했는데, 포장하느라 아침 일찍 일어났고 편의점 도시락으로 점심도 대충 때우고 왔는데, 참가비도 냈고 택시비도 나갔는데.' 등등의 생각이 들면서 마음이 아주 복잡해졌다. 나만 판매가 되지 않은 게 아니라, 나의 옆 테이블도 옆옆 테이블도 다 판매가 되지 않으니, 다들 서로 마주보고 구경만 하루 종일 했다. 고객이 없으니 옆 테이블 작가님과 수다 떨다 친해지기도 했다. 그렇게 하루 종일 춥고 배고픈 상황에서 겨우 끝냈다.

시간, 노력, 힘, 기회비용 등을 따졌을 때 나에게는 나의 공방에서 수업하고 판매하는 게 더 나을 것으로 판단해, 앞으로 플리마켓은 절대 나가지 않아야겠다고 생각했다.

그런데 아주 신기한 일이 일어났다. 그 플리마켓에서 나에게 강아지 케이크 캔들을 구매해 가신 고객님이 남자친구와 함께 원데이 클래스를 들으러 오셨고, 그 이후 캔들 자격증반 수업을 들으셨다. 정말 단 3개를 팔았기 때문에, 원데이 클래스를 오셨을 때 "저 그때 연남동 플리마켓에서 캔들 샀었어요. 친구가 선물 받고 엄청 좋아했어요." 라고 하는 순간, '아, 이 분 강아지 케이크 캔들 구매하셨던 분이다!!!' 하고 또렷하게 기억이 났다. 그래서 "케이크 캔들 사셨었죠!" 하니까 그걸 어떻게 기억하고 있냐며 신기해 하셨다. 나도 정말 신기했다. 이렇게 인연이 이어질 수도 있구나 싶어서 플리마켓에 나간 보람이 생겼다.

이후, 한 번 더 기회가 생겼다. 더현대서울에서 열린 취미 관련 팝업스토어였다. 업체에서 더현대서울 공간을 빌려 팝업스토어를 여는 것이었는데, 업체 측에서 먼저 참여 제안을 해왔다. 처음에는 '절대 나가지 않을 거야!' 했지만, '이런 팝업스토어도 한 번 경험해 볼까?' 하는 생각으로 이내 바뀌었다. 이번에는 제품 판매도 하지만, 현장에서 클래스도 진행하는 것이었기 때문이다.

행사 담당자님께 진행할 클래스 종류, 단가를 보내드렸고 여러 협의 끝에 라인업이 결정되었다. 이 행사는 미리 예약제가 아닌 그냥 구경하다가 마음에 들면 바로 클래스를 진행해야 하고, 클래스이지만 잠깐 들렀다 가는 매장처럼 빠르게 결과물이 완성되어야 했다. 현장에서 다른 공방들과 비교해보고 선택을 받아야 하니 금액대도 저렴하게, 기존 클래스의 1/2도 안 되는 금액으로 진행했다. '너무 저렴하게 하나?' 하는 생각도 있었지만 최대한 많은 분들께 캔들 만들기의 재미를 알리고 싶어서 진행했다. 대신, 굳는 시간이 많이 걸리는 캔들은 용량을 줄이든, 미리 어느 정도를 만들어서 가져갔다.

클래스 매대와 판매 매대 두 테이블을 세팅해야 해서 플리마켓 때보다 짐이 몇 배로 더 많았다. 출강 가듯 모든 재료와 도구들을 챙겼고, 제품도 전부 포장해서 챙겼기 때문이다. 행사가 진행되는 동안 자리를 뜰 수 없었다. 혼자 왔기 때문에 자리를 비운 새에 손님이 올까 봐 멀리 가지도 못했다. 어떤 날은 손님이 너무 쉴 새 없이 밀려 들어서 아예 하루 종일 아무것도 못 먹고 화장실도 못 간 날도 있었다. 행사의 여러 날 중 하루는 남동생이 일찍 퇴근하고 오후에 와주었고, 하루는 남자친구(지금의 남편)가 와주어서 캔들 판매와 결제, 짐 정리를 도와주었다.

외부 행사는 혼자서 진행하기 많이 힘들다. 교대로 밥을 먹으러 가거나 화장실도 가야 하므로 한 명 정도는 함께 나가는 것을 추천한다.

이렇게 팝업스토어를 하면서 느낀 건, 고객에게 먼저 다가가야 한다는 점이었다. 내가 세상에 호객행위를 하다니! 시장에 가면 쉽게 들을 수 있는 "언니~ 여기 와서 먹고 가~." 하는 말들, 이걸 내가 하고 있었다. 처음에는 너무 부끄럽고 입이 떨어지지 않았다. 그러나 이내 '내가 공방 문 닫고 나왔는데 그냥 돌아갈 수는 없다, 지난번 플리마켓 같은 결과를 얻고 싶지는 않다, 하지 않은 걸 후회하고 싶지 않다' 라는 생각이 들어서 마음을 고쳐먹고 해보았다. 그냥 지나쳐가는 고객들의 시선을 끌기 위해 일부러 밝게 인사도 하고, 팔로우 이벤트도 함께 진행하고 있으니 참여해보라고 해서 일단 나의 매대 앞으로 오게 만들었다.

"여기 오셔서 귀여운 캔들 만들고 가세요!" "여기 선물하기 좋은 캔들 있습니다!" 등 나름대로의 멘트도 입 밖으로 꺼내 보았다.

그런데 그렇게 하니까 정말 고객들이 "어? 해볼까?"하면서 자리에 앉으시는 게 아닌가! 내가 마치 광장시장 칼국수집 사장님이 된 것 같았다. 재미있게 수업을 해드리니, 고객이 사진을 찍어 자신의 인스타그램에 나의 계정을 태그해서 올리고, 나는 그 게시물을 리그램했다. 바이럴의 선순환이 일어났다.

하루의 행사를 마치면 그 날 그 날 느낀 점을 블로그에 써 두는데, 이후에 이 행사에 참여하시는 다른 공방 선생님들께서 참고를 많이 하셨다는 이야기도 들었다. 나에게 인스타그램 DM을 보내 이 행사에 대해 물어보는 선생님들도 많았다. 생생한 참여 후기 콘텐츠를 통해 다른 분들께 도움을 드릴 수도 있고, '이렇게 적극적으로 외부 활동도 하는 공방이구나' 라는 인식을 심어줄 수 있었다. 그리고 '그때 더현대서울에서 내가 클래스했던 공방이 어디더라?' 하면서 네이버에 검색해서 찾아보고 연락을 주신 고객님들

더현대 팝업스토어

도 있었다. 홍보 수단도 되었던 것이다.

수수료가 제법 높았지만 매출도 생각보다 괜찮았고, 꽤 목돈이
정산되어 들어왔다. 그보다 좋았던 점은 이 행사를 통해 다른 분
야의 공방 선생님들과도 알게 되었다는 것이다. 손님이 없을 때는
다른 공방 클래스를 들어보는 선생님들도 있었고, 나도 다른 선생
님들의 작품을 구매했다.

향수 공방 오픈을 준비하면서 조향대가 필요했는데, 이때 알게
된 목공방 선생님께 아주 좋은 가격에 주문할 수 있었고, 이때 알
게 된 선생님들과 아직도 인스타그램으로 서로의 근황을 보며 응
원하고 있다. 그리고 나의 친한 지인들과 선생님들이 내가 팝업스
토어에 참여한다는 것을 알고 응원하러 많이 와주셨다. 맛있는 간

식을 사오고 꽃다발을 주고, 판매하고 있는 캔들도 가득 사갔다. 이렇게 사랑을 듬뿍 받고 있구나를 느끼며 행복한 마음의 빚이 생겼다.

플리마켓과 팝업스토어는 한 번쯤 꼭 경험해보라고 권해주고 싶다. 그것이 대박이든 쪽박이든 참여한 후 남는 경험과 노하우는 온전히 내 것이 되기 때문이다. 경험보다 값진 것은 없다.

공방 마케팅은 어떻게 할까요?

SNS(인스타그램, 블로그, 유튜브) 운영법

공방을 열든, 제품 판매를 하든 제일 고민이 마케팅, 홍보, 브랜딩일 것이다. "나 부자예요!" 라고 직접 말하는 건 마케팅이고, 부자 같아 보이게 명품, 좋은 집, 비싼 차를 소유한 것을 보여주는 것이 브랜딩이라는 말이 있다. 내가 생각하는 마케팅과 브랜딩의 차이는, 마케팅은 새로운 친구들에게 "여기 '나'라는 사람이 있어. 어때?"라며 다양한 방법들로 소개하고 친구를 모으는 것이고, 브랜딩은 그 친구들이 나를 지지해주고 응원해주며 찐친이 되는 것이라고 생각한다.

20살부터 대학교에서 광고홍보학을 전공하면서, 그때부터 들었던 단어가 '브랜딩, 콘텐츠'이고, 그때부터 관심을 갖고 있던 것도 '브랜딩, 콘텐츠'다. 제일 흥미롭고 재미있었다. 대학교에서 배우는 내용과 광고회사에서의 실무는 정말 다르긴 하지만,

그래도 결국은 콘텐츠, 결국은 브랜딩이었다.

내가 광고 전공을 선택한 것은 카피라이터의 꿈이 있었고, 세월이 지나도 어떤 업종이든 광고는 해야 하니, 광고를 배워두면 굶어 죽지는 않겠다고 생각해서였다. 그리고 10여 년이 지난 지금도 여전히 광고는 매체나 형태만 바뀌었지 아주 핫한 분야다.

학부 전공인 사회심리학개론, 설득커뮤니케이션, 소비자 심리 같은 수업에서 전부 A+를 받았는데, 받을 수 있었던 가장 근본적인 태도는 공감이었던 것 같다. 소비자의 심리를 파악해서 우리 제품을, 우리 서비스를 꼭 구매하게 만들겠어! 라기 보다, 소비자들이 원하는 게 무엇일지, 소비자들에게 필요한 것은 무엇인지, 불편함을 내가 해소해줄 수 있는지를 생각해보는 '상대를 위한 마음' 말이다. (물론 공부도 진짜 열심히 했다!)

내가 운영하고 있는 SNS 채널은 인스타그램, 블로그, 유튜브이다. 혼자 세 가지 채널을 운영할 수 있는 것은 원소스 멀티유즈라서이다. 원소스 멀티유즈(One Source Multi-Use)란 하나의 콘텐츠를 다양한 채널에 업로드하는 것이다. 영상 하나를 만들면 그 영상으로 유튜브에 올린 후, 그 영상 속 화면을 캡처해서 블로그

내가 직접 운영중인 SNS들

에 글을 쓸 때 사진으로도 쓰고, 짧게 편집해서 인스타그램 릴스
로도 쓸 수 있다. 흔히 디자이너에게 "베리 쳐주세요"라고 하는 것
과 같은 개념인데, 베리에이션이라는 단어의 뜻처럼 기본적인 스

타일은 유지하되 플랫폼에 따라 부분적으로 변화를 주는 것이다.

사실상 혼자 세 가지 채널을 다 운영한다는 것이 쉬운 일은 아니다. 하지만 절실했고 빠르게 자리 잡고 싶었기 때문에 인스타그램은 1일 3피드를 하기도 하고 블로그는 출퇴근길에 1주일에 하나는 꼭 쓰려고 했다. 유튜브는 틈틈이 하다 보니 편집 시간이 오래 걸려서 1개월에 하나는 올리려고 했다.

꼭 세 가지 채널을 다 해야 할까? 그건 아니다. 내가 생각하기에 운영하기 알맞은 채널은 꾸준하게 내가 올릴 수 있는지를 보는, 지속가능성에 있다고 생각한다. 갑자기 콘텐츠가 빵! 하고 뜰 수 있으면 물론 좋지만, 그렇게 팔로우를 모았다고 한들 그 이후에 제대로 된 콘텐츠를 제공하지 않으면 결국 언팔을 해버리거나 구독 취소를 하기 때문에, 같은 결로 꾸준한 업로드를 할 수 있는 채널을 택하자. 이런 꾸준함 덕분에 주변 선생님들께서 '비라이트는 부지런하다'라고 생각해주시는 것 같다. 가장 업로드가 쉬운 것은 인스타그램이니, 인스타그램을 먼저 해보고 블로그도 써보고 유튜브도 올려보고 하면서 점점 늘려가는 것을 추천한다.

그렇다면, "여기에 도대체 어떤 콘텐츠를 올려야 할지 모르겠어요! 뭐 올려야 해요?" 하는 질문들이 쏟아져 나올 것이다.

정말 인상 깊게 읽었던 책 《프로세스 이코노미》에서는 "새로운 정보를 나만 알고 있겠다는 생각은 이미 틀렸다. 정보 자체에는 더 이상 큰 가치가 없다. 오히려 내가 가진 정보를 공유하여 동료를 만들고, 프로세스를 아낌없이 공개하는 편이 결과적으로는 더 많은 핵심 정보를 모으는 데 유리하다"고 말한다.

"저는 이제 갓 시작해서 아는 정보가 없는데요" 라고 해도, 우리에게는 전부 인생 노하우가 있다. 공방 매물을 찾으러 다니면서 세웠던 기준이나, 집에서 투잡으로 시작할 때 필요한 것, 엽서 제작하는 법 등등 아주 처음이어도 나눌 정보가 있는 것이다. 이런 정보를 공유하고 과정을 공개하게 되면 '여기 되게 열심히 하네' '이 선생님에게는 배울 점이 많겠다' '계속 성장 과정을 지켜보고 싶다'로 이어져 팬이 생기게 된다. 그리고 그렇게 남을 행복하게 하는 내가 만족스럽고 행복해진다.

창업 일기를 꼭 쓰는 것을 추천하는데, 이 과정에서 나만의 콘텐츠 소재 거리가 생기기 때문이다. 우리가 만드는 제품은 이 공방이나 저 공방이나 거의 비슷하다. 사진도 색감도 다 비슷하다. '무엇'에 해당되는 아웃풋은 다 거기서 거기인 것이다. 이럴 때 차별화를 둘 수 있는 방법은, 이 세상에 하나뿐인 '나'이다. 내가 왜 이 일을 하는지, 이 일을 선택한 이유 등 나만의 철학을 담고 이것들을 콘텐츠화하면 '왜'라는 것에 대한 관심과 공감, 이해로 인해 팬덤이 구축될 것이다.

그리고 이런 콘텐츠를 꾸준히 업로드하자. 성실함이 장땡이다.

성수기와 비수기를 준비하는 법

공방 선생님들과 공공연하게 이야기하기를, "5월이 끝나면 12월 준비를 하고, 12월이 끝나면 5월 준비를 한다"고 한다. 우스갯소리 같지만, 성수기인 시즌 준비는 최소 한 달 전에는 끝나야 한다.

5월 가정의 달 시즌이면 3월 말부터 슬슬 카네이션이 보이기 시작할 것이다. 12월 크리스마스 시즌이면 10월 말부터 슬슬 인스타그램 피드가 레드와 그린 색으로 뒤덮이기 시작할 것이다.

시즌을 위해 제품을 준비하는 과정은 이러하다.

1. 새로운 제품을 기획한다

기획하면서 다른 겹치는 상품은 없는지 찾아본다. 혹여나 있다면 내가 조금 더 보완해서, 혹은 조금 비틀어서 다르게 제작할 수 있는지 생각해본다. 이번 제품의 소구점(유니크한 셀링 포인트)

은 무엇인가, 왜 나의 이 제품을 구매해야 하는가를 고민한다. 다른 곳과 비교했을 때 엽서를 하나 넣어준다거나, 디자인 디테일을 더 살린다거나 해서 차별점을 만든다.

2. 샘플을 제작하고, 포장 준비를 해둔다

포장으로 할 상자, 스티커, 엽서, 리본 등을 알맞게 준비한다. 다품종 소량 생산보다는 소품종 대량 생산이 훨씬 이득이다. 괜히 많은 가짓수를 하려고 이것저것 다양하게 샘플을 만들고, 재료를 미리 가득 샀다가 본전도 못 찾은 적이 있었다.

한두 가지 핵심 상품으로 많이 판매할 수 있게 준비하자. 작년과 같은 제품인데도 상자 위에 붙이는 스티커나 엽서만 추가해서 판매량이 급증한 적이 있었다. 비슷한 많은 제품들 속에서 눈에 띄는 방법은 바로 '예쁜 포장'이다. 선물용으로 제품을 많이 구입하는 시즌이므로 선물하기에 부족함 없는 포장으로 준비해보자.

3. 사진 촬영을 예쁘게 한다

도저히 집이나 공방에서 사진 촬영을 할 상황이 되지 않는다면, 별도 스튜디오 대관도 추천한다. 네이버 스마트 플레이스를 사용하는 사업자라면, 네이버 스퀘어 촬영 스튜디오 대관이 무료다. 아이디어스 작가는 아이디어스에 제품을 보내면 전문 스타일리스트와 포토그래퍼가 나의 작품 촬영을 무료로 해준다. 이런 무료 공간과 혜택을 적극 활용해보자.

4. 스마트스토어, 아이디어스 등에 제품을 업로드해둔다

인스타그램에도 제품 구매가 가능함을 알린다. 오픈 1주일 정도는 얼리버드 가격으로 할인하여 초기 고객과 후기를 모집해도 좋다.

5. 주문이 들어오면 예쁘게 제작하여 보낸다

클래스는 앞 장에서도 설명했지만, 시즌에 맞는 모양이나 색감을 준비하면 된다. 주로 클래스 모집 사이트나 네이버 스마트 플레이스에 한 달 전에는 시즌 클래스를 구성해 미리 오픈해두자.

자, 그렇다면 비수기에는 어떻게 해야 할까?

1. 다른 종목을 추가한다

따로 계절의 영향을 받지 않는 제품이라면 상관없지만, 혹시 계절을 타는 제품이라면 성수기와 비수기의 갭이 클 것이다. 캔들의 경우 추워지는 가을, 겨울이 성수기이고 더운 여름이 오면 비수기가 찾아온다. 비수기에 아예 휴식을 취하며 운영을 하지 않는 공방도 있고, 이 비수기를 비누, 석고, 레진, 향수로 채우시는 분들도 있다. 나의 경우 '향수'가 그 예다.

물론, 캔들도 여름 스타일이 있다. 바다를 표현할 수 있는 젤 캔들 홀더라든지, 왁스디오라마, 모먼트 캔들 등과 시원한 에이드, 라떼 캔들은 겨울에 이어 여름에도 사랑받는 아이템이다. 캔들은 습기를 잡는 데 도움을 줄 수 있어, 여름 장마 시즌에는 기본 소이 캔들이 많이 판매되고, 벌레 기피 향을 넣어 모기를 퇴치하는 제품들도 판매가 많이 일어나는 것으로 보였다. 하지만 그 무엇도 겨울 시즌을 이길 수는 없었다.

그래서 캔들 공방을 운영할수록 향에 대해 더 깊게 공부하고 싶었던 열망을 핑계 삼아 조향사 자격증을 취득하는 것으로 이루었다. 조향사 자격증을 따고 향수 클래스를 진행하며, 캔들 비수기에도 꾸준한 매출을 유지할 수 있게 만드는 것이다.

그렇게 계속 종목을 여러 개 늘리는 것이 능사는 아니다. 너무 여러 개를 해버리면 '마트'처럼, 혹은 '김밥헤븐'처럼 모든 것이 다 있지만 무엇이 전문인지는 모르는 공방이 되어버리기 일쑤다.

2. 내실을 다진다

성수기 동안 주문 받은 제품 만드느라, 수업 하느라 바빠서 하지 못했던 개인 창작 활동을 하면서 제작 노하우를 쌓아 나간다. 또 그 과정도 콘텐츠화해서 업로드를 하면 좋다.

적극적으로 시장의 변화를 살펴본 뒤, 전체적인 시장 조사도 해보자. '이런 제품이 시장에 필요하네' 라는 생각이 든다면 새로운 제품을 개발하여 새로운 수요층을 확보하고, 기존 고객들의 관심을 끌어내보자. 새로운 제작 기법을 연구하여 원데이 특강 수료증 과정을 오픈할 수도 있다.

3. 마케팅 전략을 변경해본다

이벤트를 연다거나, 채널을 하나 더 오픈하거나, SNS 광고를 돌려볼 수 있다. 또 고객 만족도를 높일 수 있는 방법도 기획해보자. 고객 서비스를 고도화시키는 것이다. 클래스의 구성을 개선하거나 제품 디테일을 더 높이거나 하는 등으로 고객이 어떤 것을 원하는지 그간의 후기들을 참고하여 반영해보자.

4. 비용을 줄이는 것도 비수기를 극복하는 방법 중 하나이다

냉장고 파먹기를 하듯, 최대한 갖고 있는 재료를 활용해 제작한다거나 잘 나가지 않는 제품은 사은품으로 증정하여 갖고 있는 재고를 털어낼 수도 있다.

공방 사업은 긴 호흡으로 달리는 장거리 마라톤이라고 생각해보자. 짧게 반짝하지 말고 우리 길게 오래 가보자. 그러려면 잠시 앉아 신발끈을 묶을 시간도 필요하다.

브랜드 콜라보 맛집, 여기네 여기야

공방을 오픈한 지 4개월이 지난 어느 날, 전화가 한 통 왔다.

"커스텀 캔들 주문 제작을 하려고 합니다. 브랜드는 롯데 프라임 아이스크림이고요. 향은 바닐라, 유리컵에 들어간 캔들이었으면 합니다. 견적서를 보내주세요."

이 연락을 받은 후, 그 날로 바로 바닐라향 파생 신고를 넣었다. 캔들은 왁스, 향에 따라 신고를 달리 해야 하기 때문에, 신고를 하지 않은 제품을 판매할 수 없다. 특히 이 건은 롯데푸드 라는 대기업의 이미지도 있기 때문에 무조건 철저히 해야 했다.

롯데푸드 브랜드를 맡은 광고대행사의 담당자님이셨고, 롯데푸드 SNS 이벤트 당첨자 선물로 증정되는 건이었다. 담당자님께서 견적서를 보내달라고 하셨는데, 나의 뇌리에 스친 기억.

'내가 회사에서 담당자일 때도 여러 업체에서 견적을 받았었지. 결국 경쟁인 건데, 어떻게 차별화를 둘까?' 라는 생각이 들면서 '그래, 견적서가 아닌 제안서를 쓰자!' 라는 결론을 내렸다. 제안서는 가장 익숙한 툴인 PPT로 만들었다. 그간 쌓아온 경험의 점들이 하나로 이어져 선이 되는 순간이었다.

제안서에는 왜 비라이트 캔들 공방에서 제작해야 하는지, 내가 어떤 재료로, 어떤 마음으로 캔들을 만드는지, 수량별 단가와 포장 레퍼런스 사진까지 넣었다. 그리고 한달 여 간의 기다림과 조율 끝에, 롯데푸드 프라임 아이스크림 캔들 굿즈 제작을 맡게 되었다. 공방을 오픈한 지 얼마 되지 않은 나에게 이러한 대량 작업의 기회가 주어지다니. 앞으로 여러 브랜드 콜라보의 시작을 여는 것 같았다.

롯데푸드 프라임 아이스크림 캔들 굿즈

이후, 국립나주박물관 교육운영실 담당자님에게서 연락이 왔다. 국립나주박물관에 있는 나주서문석등을 캔들로 만들고 싶다는 내용이었다. 나주서문석등은 우리나라 보물 제364호로 고려시대 화강석 석등이며 나주 서성문 안 석등이라고도 한다. 이번에는 유리병에 든 컨테이너 캔들이 아닌, 몰드를 써야 하는 필라 캔들이었다. 몰드는 따로 다른 업체를 통해 제작하여 두 개 보내주셔서 캔들 샘플 테스트부터 진행했다. 원하시는 색감, 향을 상담해 드린 후 염료를 수치화하여 동일한 색감을 만드는 조색 기법으로 담당자님께서 선택한 색감 그대로 통일하여 만들어드렸다.

석등 자체에 디테일이 굉장히 많았기 때문에 캔들 자격증반에서 알려드리는 몰드 절개법, 몰드 사용법 등등의 노하우가 정말 많이 들어간 작업이었다. 작업 기간이 넉넉해서 틈틈이 조금씩 제

국립나주박물관 석등 캔들

작해두었다. 나머지는 천천히 만들면 되겠지 라는 생각으로 아주 여유롭게 지내고 있었는데, 갑자기 할아버지의 장례를 치르게 되었다.

그렇게 5일을 쓰고 부랴부랴 서울로 올라와, 일정을 미뤘던 수업들을 하루에도 여러 개 진행하고 나니 남은 시간은 고작 하루뿐. 마침 추석 전이라 택배 마감도 일찍 되는 터였다. 나주까지 퀵을 보낼 수는 없는 일이었다. 그렇게 15일에는 무조건 택배를 보내야 하는데 14일 화요일까지 하루종일 1개도 못 만드는 일이 벌어졌다. 몰드에서 캔들을 꺼내다가 다 부서졌다. 마음이 급하니 몰드에서 다 굳지도 않았는데 급하게 꺼냈기 때문이다.

저녁 8시가 되도록 하나도 못 만든 상황에서 밤을 새더라도 해야겠다는 의지가 발동되었고, 겨우 개수를 맞춰 제작하고 새벽 3시가 다 되어서야 택시를 불러 집으로 갔다. 그리고 7시에 일어나 마무리 작업과 캔들 포장, 택배 포장을 위해 일찍 출근했다. 완성된 사진을 담당자님께 보내드리니 쉽지 않으셨을 텐데 어려운 걸 해내셨다며 폭풍 칭찬을 해주셨다. 이후 택배를 보내드리고 나니 다른 연구원, 연구사 선생님들께서 모두 좋아하셨고 실물이 더 예쁘다는 피드백이 왔다. 이것만으로도 그간의 피곤함이 녹아내리는 듯, 행복했다.

기회는 기회를 불러 왔다. 뮤지컬 〈사랑의 불시착〉 굿즈를 300개 제작하게 된 것이다. 300개라는 대량 작업 앞에, 그것도 혼자 해내야 한다는 점에서 효율성을 높일 방법을 찾기 시작했다. 베이스인 왁스를 편하게 부을 수 있도록 반죽기를 사고, 대량으로 작업하다 클래스를 할 때는 옮겨두어야 하니 옮기기 편하도록 큰 쟁반을 사서 그 위에서 작업을 했다. 이렇게 점점 짬(?)이 늘어나는 것 같았다.

생각보다 빠르게 척척 순서에 맞춰 돌아갔고, 단체 클래스, 원데이 클래스, 자격증반 등 수업을 다 해가면서 납기일에 딱 맞춰서 제작을 완료했다. 해당 제작 과정은 다 촬영해두어 유튜브 콘텐츠로도 활용할 수 있었다.

뮤지컬 〈사랑의 불시착〉 캔들 굿즈 제작 과정

그리고 대망의 탬버린즈 콜라보 건. 처음 전화를 받았을 때, "네? 어디요?" 라는 되물음을 반복했다. "안녕하세요, 탬버린즈입니다. 캔들 제작 요청을 드리고 싶어서요"라는 연락에 내 마음이 하루종일 설레었다. '내가 만든 작품이 탬버린즈 플래그십 스토어에 전시된다니!' 하는 마음에 들떴다. 밤을 새서라도 전부 다 해낼 셈이었다. 탬버린즈로부터 원형을 받아 몰드 제작부터 시작했다. 몰드를 만든 후, 요청한 색감을 맞추기 위해 색 테스트에 들어갔고, 몰드에서 부서지지 않으면서도 발향률이 좋도록 왁스 테스트를 했다. 탬버린즈 조향팀에서 보내주신 향으로 향 테스트를 해서 샘플도 여러 번 보냈다. 왁스를 다 쏟기도 하고 몰드를 만들다가 실리콘에서 원형이 위로 떠올라서 실리콘을 다 버리기도 했고, 나 자신이 너무 한심해서 울면서 퇴근했다. 그렇게 플래그십 스토어의 오픈 날은 다가오고 있었고, 계속 사이즈와 색, 수량이 바뀌다 납품을 해야 하는 일주일 전에 겨우 결정되었다. 처음 이야기했을 때보다 훨씬 줄어든 수량이 아쉬웠지만 참여한다는 것에 의의를 두어야겠다 생각했다.

이제 최종 결정된 방향으로 제작에 들어가면 되겠거니 했는데, 갑자기 다른 디자인과 색의 오브제를 두 가지 추가 제작이 가능하냐고 하셨다. 일 욕심이 생겨, 제작을 다 하고 싶었으나 이때 웨딩 촬영과 신혼 집 임장, 대출 상환, 결혼식 준비로 정신이 없었던 터라 어느 한쪽에도 온전히 집중을 하지 못할 것 같았다. 그리고 이

왁스를 다 쏟기도 하고, 몰드를 만들다가 실리콘에서 원형이 떠올라 실리콘도 다 버리고
너무 한심해서 울면서 퇴근한 날

셀 수 없이 많은 컬러 테스트와 발향 테스트를 거친 후 제작했다.

미 그 전에 다른 사이즈의 몰드들을 만드느라 실리콘도 다 써버렸고, 그 수량을 모두 만들기에는 수업도 해야 하는 나의 일정들이 우선이었다. 그래서 이 작업을 잘 하실 것 같은 다른 공방 선생님께 맡기고, 나는 기존에 맡았던 초록색 나무만 진행하기로 했다.

플래그십 스토어가 오픈하고 선생님과 함께 찾아가서 보니, 너무 예뻐서 '내가 다 할 걸 그랬나' 하는 욕심도 들었다. 여러 인플루언서 분들과 연예인 분들이 사진도 많이 찍으시고 예쁘다는 후기가 많아서 뿌듯했던 시간이었다. 브랜드 콜라보로 탬버린즈 향료를 사용해 탬버린즈만의 디자인 제품을 만들어볼 수 있음에 즐거웠고, 제작 기술적으로도 많이 성장할 수 있는 시간이었다.

이런 브랜드 콜라보는 직접 제안해서 받아오는 것이냐는 질문을 여러 번 받았었다. 모든 제작 과정을 그때마다 사진으로 찍어 남겨두었고, 고스란히 가져가 부지런히 블로그에 포스팅을 했던 게 가장 큰 도움이 되었다고 생각한다. '에이 뭘 이런 것까지 사람들이 보겠어?' 라는 생각은 정말 크나큰 오산이다. 공방을 준비하고 있는 사람이든, 그냥 호기심이 있는 사람이든 직접 경험한 생생한 이야기에는 언제나 관심이 간다. 멋진 결과물보다 그 과정을 들여다보게 되면, 나의 제작 능력과 인간미를 느낄 수 있고 공감도 받을 수 있다. 이렇게 과정 자체를 담은 콘텐츠들은 오래도록 영향력이 지속되어 나의 브랜드를 더욱 단단하게 만들어줄 수 있다. 언제나, 과정은 늘 중요하다.

PART
4

앞으로의
여정들

수공예 분야의 미래에 대해 챗GPT에게 물어보았다.
인공지능 씨는 디지털 기술과의 융합에 대해 이야기했다.
예를 들어 3D 프린팅 기술을 활용하여 수공예 작품을 만들거나,
인공지능 기술을 활용하여 자동으로 디자인을
생성하는 등의 방법을 말했다.
수공예 작가들은 이러한 디지털 기술을 적극적으로 활용하여
새로운 작품을 만들어내고,
더욱 창의적인 작업을 할 수 있을 것이라 이야기했다.

수공예 제품의 시장 가능성

챗GPT에게 이번에는 수공예 제품의 시장 가능성에 대해 물어 보았다. 수공예 제품은 고유하고 개성 있는 디자인과 손으로 만들어진 특별함이 장점이라 소비자들에게 인기가 있으며, 수작업 제품에 대한 수요는 지속적으로 증가하고 있다고 했다. 또, 수공예 제품은 고가의 제품이 많아 전문적인 수요층이 형성되어 있어 시장 가능성이 높다고 이야기했다.

인공지능이 그림도 그리고, 개발 코드도 짜주고, 디자인도 해주고, 작곡도 하는 시대다. 기계적이고 반복적인 일, 자료를 번역하고, 기계를 운전하는 일 등은 얼마든지 대체될 수 있음을 보여준다. 하지만 인공지능이 갖지 못한 것은 감각이다. 아무리 온라인 공간에서 노는 메타버스 시대가 온다고 한들 사람이 가진 감성은 따라갈 수 없다. 우리는 사람들과의 유대감과 공감능력으로 공방에 오는 사람들의 마음을 어루만져줄 수 있다. 또, 정성을 들여 만든 제품으로 고객을 행복하게 해줄 수 있다. 이것이 앞으로 우리가 인공지능에 대체되지 않고 할 수 있는 일일 테다. 직접 눈을 마주치며 이야기를 나누고, 따뜻한 관심을 보여주는 것은 디지털이 결코 제공할 수 없는 가치다.

소비자와 대면하는 모든 것(상품, 서비스, 콘텐츠 등)에 인간적인 가치를 느끼게 할 방법을 고민해보자. 공장이 아닌 공방에서, 전문가가 한 땀 한 땀 정성들여 직접 만든 제품과 서비스를 제공해보자. 디지털이 주는 편리함도 좋지만, 그 속에서 아날로그적인 감성과 경험을 찾는 사람들이 분명 있다.

평생 직장은 없다 (프리랜서의 시대)

　이미 프리랜서의 시대는 도래했다. 코로나19를 겪으며 재택근무와 화상 회의에도 익숙해졌다. 나의 재능을 판매할 수 있는 플랫폼도 너무나 잘 갖춰져 있다. 조직에 얽매이지 않고 자기만의 방식대로 일하고 돈을 벌 수 있는 시대인 것이다.

　바늘구멍 같은 취업문을 뚫고 겨우 들어갔지만, 1년을 채우지 못하고 퇴사하는 청년들이 늘고 있다. 커리어테크 플랫폼 사람인의 '1년 이내 조기 퇴사 현황' 조사 결과를 보면, 84.7%가 조기 퇴사한 직원이 '있다'고 답했다. (2022년 기준) 전체 신규 입사자 대비 조기 퇴사자의 비율은 평균 28.8%로 10명 중 3명은 조기 퇴사를 하는 것이다. 이 조기 퇴사의 원인 중 1위는 직무가 적성에 맞지 않는 것과 낮은 급여, 조직문화 불만족 등이었다. 개인의 성장이나 삶의 가치를 더 중요하게 생각하는 청년 세대에게, 기성 세

대처럼 회사의 발전과 성장을 통해 성취감을 얻는 것을 기대할 수는 없는 것이다.

나 또한 MZ세대로서 나의 재능으로 월급보다 더 많은 수익을 창출하는 것에 관심이 많았다. 그래서 내가 가진 재능을 수익화하여 N잡으로 하다 보니 공방 창업까지 오게 되었다. 프리랜서 혹은 1인 창업가로서의 자유를 경험하니, 다시는 회사라는 조직으로 돌아가고 싶지 않다. 솔직히, 다시 조직 생활에 적응할 자신이 없다. 원치 않은 사람들과 원치 않는 일을 한다는 것은 그야말로 고역이다. 지금 혼자 일을 하는 것이 만족감도 높고, 차곡차곡 나만의 길을 개척해 나가면서 얻는 짜릿함이 상상 이상이기 때문이다. 이렇게 일이 주는 성취감에 중독되니, 더 책임감을 갖고 열심히 하고 있다.

가치관이 다를 수 있지만, 나는 정년이 보장된 안정된 삶보다 불안정하더라도 도전하는 삶이 매력적으로 다가왔다. 어쩌면, 회사에 다니는 것도 안정적이라고 볼 수 없다. 회사는 상황에 따라 언제든 직원을 해고할 수 있다. 실제로 미국 테크 기업들이 2023년 3월만 해도 9만 명 가까운 인원을 해고했다. 이는 지난 달보다 319% 증가한 숫자다. 우리나라도 권고사직과 희망퇴직을 실시하는 기업이 점점 늘고 있다. 이런 상황에서 정년까지 일을 할 수 있을까? 그 누구도 보장할 수 없다.

특히, 나는 여성으로서의 불안감도 있었다. 내가 결혼을 하고 아이를 가지면 육아 휴직을 받지 못할 수도 있고, 출산 후 다시 복귀한다고 했을 때 받게 될 불이익들도 있을 것 같았다. 아이가 갑자기 아프거나, 일이 생겼을 때 회사에 눈치 보며 자리를 비우는 것도 싫었다. 그래서 더더욱 혼자서 어디서든 일 할 수 있는 것에 관심을 갖게 되었다.

프리랜서로, 1인 자영업자로 산다는 것은 돈이 벌릴 때까지의 시간과 노력, 자기관리, 자기절제가 오랫동안 유지되어야 하는 것 같다. 내 앞의 벽이 있다면 깨부수면서 말이다. 그 인내의 시간에 가끔은 포기하고도 싶었고, 이게 맞나 하는 의문도 들었다. 그리고 여전히 그 시간들은 존재한다.

하지만, 인내는 쓰지만 열매는 달다! 퇴사가 만병통치약이라는 말도 있지 않은가. 회사 다니면서 달고 살았던 위장염도 없어지고 주변에서는 나의 표정부터 밝아졌다고 말한다. 자존감도 높아졌고, 마음에는 여유가 있다. 혼자 일하는 게 그만큼 나에게는 잘 맞는다는 것이다.

앗, 무작정 이 책을 읽고 퇴사하라는 것이 아니다. 나에게 잘 맞는 분야가 있고, 내가 그것을 잘 할 수 있다면 1인 창업을 고려해 보는 것을 추천한다.

수공예가 비즈니스가 되는 법

비즈니스가 된다는 것은 직접적인 매출이 발생한다는 뜻이다. 작게라도 시작해서 판매를 먼저 해보자. 팔아보고 시장 반응을 살펴보자. 그리고 보완해 나가고, 제품을 추가해 나가면 된다.

수공예 분야로 시작해서 판매가 잘 되는 것도 좋지만, 그 이상으로 정말 무수히 많은 기회들이 있다. 공방 창업으로, 출강 강사로, 플리마켓 판매, 유튜버 등 수공예로 시작한 일로 인해 얼마나 또 새로운 일들이 펼쳐질까 기대가 된다. (이젠 출간 작가까지 되었다!) 그렇게 시작한 수공예 창업이 기업이 되고, 공장까지 갖게 될지 누가 알겠나. 루이비통도 프랑스 파리의 가방 전문점으로 시작했고, 구찌도 이탈리아 피렌체 마구용품점으로 시작했다. 영원한 클래식, 샤넬도 모자 가게로 시작했다. 어떻게 키워 나가느냐는 그 누구도 한정 지을 수 없다. 나부터도 나의 한계를 미리 지어

두고 가로막지 말자.

　공장에서는 한 제품을 생산하려면 최소 물량이 필요하다. 디자인을 조금만 변경하고 싶어도 최소 몇 백 개이다. 개인이 샘플을 하나 만들려면 비용이 많이 소요된다. 대신 수공예는 지금 당장 내 손으로 샘플 1개를 만들어 촬영하고 업로드해서 판매할 수 있기 때문에, 소자본으로 시작하기에 더할 나위 없이 좋다. 출산 후 경력이 단절된 여성, 손으로 만들기를 좋아하는 직장인, 취미로만 남겨두기에는 아까운 재능이 있는 분들, 남 몰래 꿈꿔왔던 나만의 공간을 갖기를 원하는 분들 등 조그맣게라도 시작할 실행력만 있다면 누구나 시작했으면 좋겠다.

　같은 제품을 만드는 작가들은 얼마든지 많다. 몇 가지를 참고해서 제작하기보다, 참고 제품을 정말 많이 보자. 몇 가지만 보고 만들게 되면, 나도 모르게 비슷한 방향으로 가거나 영향을 받아 베낄 위험도 있다. 하지만, 셀 수 없이 많이 보다 보면 그 속에서 나만의 아이디어가 떠오른다. 나만의 차별화된 제품을 개발하고, 좋은 품질로 오래 쓸 수 있는 제품을 만들자. 기성품이 줄 수 없는 개성을 살릴 때 비즈니스로서도 가치가 있을 것이다. 수공예의 본질을 살리자!

 이 책을 출판하게 된 것은 우연을 가장한 기회로 다가왔다. 나에게 캔들 자격증반 수업을 들으시던 수강생 선생님과 이런저런 이야기를 하다 본업이 북디자이너라는 이야기를 들었다.

 "어? 선생님, 저 책 내고 싶어서 원고 쓰고 있어요."

 "아, 그러세요? 그럼, 저희 대표님께 이야기 해볼까요?"

 그렇게 출판사 대표님과의 미팅이 이루어졌다.

 내 이름으로 된 책을 내는 게 인생 버킷리스트였던 만큼, 책 출판 방법에 대해 이것저것 알아봤었다. 각종 원데이 세미나도 들었다. 출판사에 원고를 보내도 연락이 없는 경우가 대부분이고 서류 통과가 정말 어렵다는 이야기에 '이번 생에 할 수 있는 건가?' 걱정되었다. 서류 통과가 되게 해주겠다는 수많은 수업들, 거액을 내면 목차와 뼈대를 만들어주겠다는 수업들은 과연 투자를 할 만한가에 대한 의문이 들게 했다. 아예 내돈내산으로 독립출판물이라도 내야 하나, 전자책부터 내야 하나 고민이 많았다.

이렇게 미팅 약속이 잡히고 대표님께서는 내가 그동안 써 두었던 원고와 블로그 글, 유튜브 콘텐츠들을 다 보고 오셨다. 그리고 미팅 날에는 아예 출판계약서를 가져오셨다. 그렇게 출판계약을 하고 진도가 나가기 시작했다. 아빠가 늘 말씀하신 "기회는 준비된 자가 잡을 수 있다."는 말을 몸소 체감하는 순간이었다. 이 모든 것을 가장 좋은 때에 선하게 인도하신 하나님께 무한 감사를 드린다.

사실 금방이라도 쓸 수 있을 거라 생각했는데, 2022년 2월에 계약을 하고는 원고 집필만 1년이 넘어갔다. 매일 몰아치는 수업과 출강, 제품 제작을 소화해야 했고, 그 와중에 인스타그램, 블로그, 유튜브도 함께하다 보니 자꾸 미루어지기 일쑤였다. 게다가 결혼 준비도 했다. 이번엔 꼭 쓰리라 다짐하고 스터디카페도 끊어놓고 아침에 가기로 나 자신과 약속했는데, 그 약속은 일주일이 허다하고 지켜지지 못했다.

그럼에도 불구하고 끝까지 원고를 쓸 수 있었던 것은, 나를 응원하는 사람들 덕분이었다. 계속 미루는 나를 채찍질하기 위해, 아예 인스타그램 피드에 게시글로 올리고 고정을 해서 상단에 올려두었다. 꼭 책을 낸다고, 낼 것이라고 공개 선언을 한 것이다. 그러다 보니 주변에서 "선생님 책 언제 나와요?" 하는 질문들을 많이 해주셨고, 책 나오면 꼭 사서 보겠다고 응원해주시는 분들이 많았다. 그 덕분에, 길고 긴 완주를 해낼 수 있었다.

부족한 원고를 멋있게 다듬어주신 더블엔 출판사 송현옥 대표님과 예쁘게 디자인해주신 배윤희 선생님, 우리 딸 장하다고 응원해주시는 부모님과 연차 날마다 공방 일을 도와준 남동생, 사랑의 마음으로 봐주시는 친척들, 언제나 내 편인 남편과 늘 아껴주시는 시댁 식구들, 네가 내 친구라 자랑스럽다 하는 친구들, 선생님의 제자라 뿌듯하다 하는 울 선생님들, 전국 각지에서 오늘도 고군분투하며 성장하고 있는 모든 공방 선생님들, 감사합니다!